Sağlıklı Yaşamın Anahtarı Anti İnflamatuar Mutfağı

Zeynep Kaya

İçindekiler

Brokoli, karnabahar ve mor soğanlı baharatlı tofu

Porsiyonlar: 2

Pişirme süresi: 25 dakika

İçindekiler:

2 su bardağı brokoli çiçeği

2 su bardağı karnabahar çiçeği

1 orta boy mor soğan, doğranmış

3 yemek kaşığı sızma zeytinyağı

1 çay kaşığı tuz

¼ çay kaşığı taze çekilmiş karabiber

1 pound sert tofu, 1 inç küpler halinde kesilmiş

1 diş kıyılmış sarımsak

1 parça (¼ inç) taze zencefil, kıyılmış

Adresler:

1. Fırını 400°F'ye önceden ısıtın.

2. Brokoli, karnabahar, soğan, yağ, tuz ve karabiberi geniş kenarlı bir pişirme kabında birleştirin ve iyice karıştırın.

3. Sebzeler yumuşayana kadar 10 ila 15 dakika kadar kızartın.

4. Tofuyu, sarımsağı ve zencefili ekleyin. 10 dakika içinde kızartın.

5. Tofuyu sebzelerle birleştirmek ve servis yapmak için malzemeleri yavaşça pişirme kabına atın.

<u>Beslenme bilgileri:</u>Kalori 210 Toplam Yağ: 15 gr Toplam Karbonhidrat: 11 gr Şeker: 4 gr Lif: 4 gr Protein: 12 gr Sodyum: 626 mg

Fasulye ve somon

Porsiyonlar: 4

Pişirme süresi: 25 dakika

İçindekiler:

1 bardak konserve siyah fasulye, suyu süzülmüş ve durulanmış 4 diş sarımsak, kıyılmış

1 doğranmış sarı soğan

2 yemek kaşığı zeytinyağı

4 somon fileto, kemiksiz

½ çay kaşığı öğütülmüş kişniş

1 çay kaşığı zerdeçal tozu

2 domates, kovalarda

½ su bardağı tavuk suyu

Bir tutam tuz ve karabiber.

½ çay kaşığı kimyon tohumu

1 yemek kaşığı doğranmış frenk soğanı

Adresler:

1. Tavayı orta ateşte yağla ısıtın, soğanı ve sarımsağı ekleyip 5 dakika kızartın.

2. Balıkları ekleyin ve her iki tarafını da 2 dakika kızartın.

3. Fasulyeleri ve diğer malzemeleri ekleyin, yavaşça karıştırın ve 10 dakika daha pişirin.

4. Karışımı tabaklara paylaştırın ve hemen öğle yemeğinde servis yapın.

<u>Beslenme bilgileri:</u>kalori 219, yağ 8, lif 8, karbonhidrat 12, protein 8

Havuç çorbası porsiyonları

Porsiyonlar: 4

Pişirme süresi: 40 dakika

İçindekiler:

1 su bardağı kabak, doğranmış

1 çorba kaşığı Zeytin yağı

1 çorba kaşığı Zerdeçal tozu

14 ½ oz. Hindistan cevizi sütü, hafif

3 su bardağı doğranmış havuç

1 pırasa, durulanmış ve dilimlenmiş

1 çorba kaşığı Rendelenmiş Zencefil

3 su bardağı sebze suyu

1 su bardağı kıyılmış rezene

Tatmak için biber ve tuz

2 diş kıyılmış sarımsak

Adresler:

1. Hollandalı fırını orta-yüksek ateşte ısıtarak başlayın.

2. Bunun için yağı dökün ve ardından rezene, kabak, havuç ve pırasayı ekleyin. iyice karıştırın

3. Şimdi 4 ila 5 dakika veya yumuşayana kadar soteleyin.

4. Daha sonra zerdeçalı, zencefili, biberi ve sarımsağı ekleyin. 1 ila 2 dakika daha pişirin.

5. Daha sonra et suyunu ve hindistancevizi sütünü dökün. İyi birleştirin.

6. Daha sonra karışımı kaynatın ve Hollandalı fırının kapağını kapatın.

7. 20 dakika kaynamaya bırakın.

8. Pişirildikten sonra karışımı yüksek hızlı bir karıştırıcıya aktarın ve 1 ila 2 dakika veya pürüzsüz ve kremsi hale gelinceye kadar karıştırın.

9. Baharatı kontrol edin ve gerekirse daha fazla tuz ve karabiber ekleyin.

Beslenme bilgileri:Kalori: 210,4 Kcal Proteinler: 2,11 g Karbonhidratlar: 25,64 g Yağlar: 10,91 g

Sağlıklı makarna salatası porsiyonları

Porsiyonlar: 6

Pişirme süresi: 10 dakika

İçindekiler:

1 paket glutensiz düdük makarna

1 su bardağı dilimlenmiş üzüm domates

1 avuç taze doğranmış kişniş

1 su bardağı zeytin, ikiye bölünmüş

1 su bardağı doğranmış taze fesleğen

½ bardak zeytinyağı

Tatmak için deniz tuzu

Adresler:

1. Zeytinyağı, kıyılmış fesleğen, kişniş ve deniz tuzunu birlikte çırpın.

Bir kenara bırak.

2. Makarnayı paketin üzerindeki talimatlara göre pişirin, süzün ve durulayın.

3. Makarnayı domates ve zeytinle birleştirin.

4. Zeytinyağı karışımını ekleyin ve iyice birleşene kadar karıştırın.

<u>Beslenme bilgileri:</u>Toplam karbonhidrat 66 g Diyet lifi: 5 g Protein: 13 g Toplam yağ: 23 g Kalori: 525

Nohut köri porsiyonları

Porsiyonlar: 4

Pişirme süresi: 25 dakika

İçindekiler:

2 x 15 oz. Nohut yıkanıp süzülüp 2 yemek kaşığı kadar pişirilir. Zeytin yağı

1 çorba kaşığı Zerdeçal tozu

1 soğanın yarısı, doğranmış

1 çay kaşığı kırmızı biber, öğütülmüş

4 diş kıyılmış sarımsak

2 çay kaşığı Şili tozu

15 oz. Domates püresi

Gerektiği kadar karabiber

2 yemek kaşığı Salça

1 çay kaşığı kırmızı biber, öğütülmüş

½ yemek kaşığı Akçaağaç balı

15 oz'un ½'si. hindistan cevizi sütü konservesi

2 çay kaşığı öğütülmüş kimyon

2 çay kaşığı füme kırmızı biber

Adresler:

1. Büyük bir tavayı orta-yüksek ateşte ısıtın. Bunun için yağı dökün.

2. Yağ ısınınca soğanı ekleyin ve 3-4 dakika pişirin.

dakika veya yumuşayana kadar.

3. Daha sonra salçayı, akçaağaç şurubunu, tüm baharatları, domates püresini ve sarımsağı ekleyin. iyice karıştırın

4. Daha sonra pişmiş nohutları hindistan cevizi sütü, karabiber ve tuzla birlikte ekleyin.

5. Şimdi her şeyi iyice karıştırın ve 8 ila 10 dakika kaynamaya bırakın.

dakika veya koyulaşana kadar.

6. İsterseniz limon suyu serpin ve kişnişle süsleyin.

Beslenme bilgileri:Kalori: 224 Kcal Proteinler: 15,2 g Karbonhidratlar: 32,4 g
Yağlar: 7,5 g

Kıyılmış Dana Stroganof Malzemeler:

1 pound yağsız kıyma

1 küçük soğan buz küpleri halinde kesilmiş

1 diş kıyılmış sarımsak

3/4 lb. doğranmış taze mantar

3 yemek kaşığı un

2 su bardağı et suyu

tatmak için biber ve tuz

2 çay kaşığı Worcestershire sosu

3/4 bardak ağır krema

2 yemek kaşığı taze maydanoz

Adresler:

1. Öğütülmüş hamburgeri, soğanı ve sarımsağı (üstüne bir şey kırmamaya özen göstererek) bir tabağa alıp pembeleşinceye kadar kavurun. Yağları kanalize edin.

2. Doğranmış mantarları ekleyin ve 2-3 dakika pişirin. Unu ekleyip 1 dakika kadar yavaş yavaş karıştırarak pişirin.

3. Et suyunu, Worcestershire sosunu, tuzu ve karabiberi ekleyip kaynayana kadar ısıtın. Isıyı azaltın ve 10 dakika pişirin.

Yumurtalı erişteleri paket etiketlerinde belirtildiği şekilde pişirin.

4. Et karışımını ocaktan alın, kremayı ve maydanozu ekleyip karıştırın.

5. Yumurtalı eriştenin üzerinde servis yapın.

Soslu kaburga porsiyonları

Porsiyonlar: 4

Pişirme süresi: 65 dakika

İçindekiler:

2 £ Dana kaburga

1 ½ çay kaşığı zeytinyağı

1 ½ yemek kaşığı soya sosu

1 yemek kaşığı Worcestershire sosu

1 yemek kaşığı stevia

1 ¼ su bardağı doğranmış soğan.

1 çay kaşığı kıyılmış sarımsak

1/2 bardak kırmızı şarap

⅓ fincan domates sosu, şekersiz

Tatmak için tuz ve karabiber

Adresler:

1. Kaburgaları 3 ızgaraya bölün ve karabiber ve tuzla ovalayın.

2. Instant Pot'a yağ ekleyin ve Sote'ye basın.

3. Kaburgaları yağa koyun ve her iki tarafını da 5'er dakika kızartın.

4. Soğanı ekleyin ve 4 dakika soteleyin.

5. Sarımsakları ekleyin ve 1 dakika pişirin.

6. Geri kalan malzemeleri bir kapta çırpın ve kaburgaların üzerine dökün.

7. Basınçlı kapağı yerleştirin ve Manuel modda yüksek basınçta 55 dakika pişirin.

8. Bu işlem tamamlandıktan sonra doğal olarak basıncı bırakın ve ardından kapağı çıkarın.

9. Sıcak servis yapın.

<u>Beslenme bilgileri:</u>Kalori 555, Karbonhidrat 12,8 g, Protein 66,7 g, Yağ 22,3 g, Lif 0,9 g

Glutensiz tavuk ve erişte çorbası

Porsiyonlar: 4

Pişirme süresi: 25 dakika

İçindekiler:

¼ bardak sızma zeytinyağı

3 sap kereviz, ¼ inç dilimler halinde kesilmiş

2 orta boy havuç, ¼ inç küpler halinde kesilmiş

1 küçük soğan, ¼ inç doğranmış

1 dal taze biberiye

4 su bardağı tavuk suyu

8 ons glutensiz penne

1 çay kaşığı tuz

¼ çay kaşığı taze çekilmiş karabiber

2 su bardağı kavrulmuş tavuk, buz küpleri halinde kesilmiş

¼ bardak ince kıyılmış taze düz yapraklı maydanoz<u>Adresler:</u>

1. Yağı büyük bir tencerede yüksek ateşte ısıtın.

2. Kereviz, havuç, soğan ve biberiyeyi ekleyin ve yumuşayana kadar 5 ila 7 dakika soteleyin.

3. Et suyunu, penneyi, tuzu ve karabiberi ekleyip kaynatın.

4. Kaynamaya bırakın ve penne yumuşayana kadar 8 ila 10 dakika pişirin.

5. Biberiye dalını çıkarıp atın, tavuğu ve maydanozu ekleyin.

6. Isıyı düşük seviyeye düşürün. 5 dakika sonra pişirip servis yapın.

Beslenme bilgileri:Kalori 485 Toplam Yağ: 18 gr Toplam Karbonhidrat: 47 gr Şeker: 4 gr Lif: 7 gr Protein: 33 gr Sodyum: 1423 mg

Körili mercimek porsiyonları

Porsiyonlar: 4

Pişirme süresi: 40 dakika

İçindekiler:

2 çay kaşığı hardal tohumu

1 çay kaşığı Zerdeçal, öğütülmüş

1 su bardağı ıslatılmış mercimek

2 çay kaşığı kimyon tohumu

1 domates, büyük ve doğranmış

1 sarı soğan, ince doğranmış

4 bardak su

Gerektiği kadar deniz tuzu

2 havuç, yarım ay şeklinde kesilmiş

3 avuç kıyılmış ıspanak yaprağı

1 çay kaşığı kıyılmış zencefil

½ çay kaşığı Şili tozu

2 yemek kaşığı hindistancevizi yağı

Adresler:

1. Öncelikle maş fasulyesini ve suyu derin bir tencereye koyun ve orta-yüksek ateşte ısıtın.

2. Şimdi fasulye karışımını kaynatın ve kaynamaya bırakın.

3. 20 ila 30 dakika veya maş fasulyesi yumuşayana kadar pişirin.

4. Daha sonra hindistancevizi yağını büyük bir tencerede orta ateşte ısıtın ve hardal ile kimyon tohumlarını ekleyin.

5. Hardal tohumları patlarsa soğanları ekleyin. Soğanları 4 dakika soteleyin dakika veya yumuşayana kadar.

6. Sarımsakları dökün ve 1 dakika daha sotelemeye devam edin.

Aromatik hale geldikten sonra zerdeçal ve kırmızı biber tozunu dökün.

7. Ardından havuç ve domatesi ekleyin. 6 dakika veya yumuşayana kadar pişirin.

8. Son olarak pişmiş mercimeği ekleyin ve her şeyi iyice karıştırın.

9. Ispanak yapraklarını ekleyin ve yumuşayana kadar soteleyin. Ateşten alın. Sıcak servis yapın ve keyfini çıkarın.

Beslenme bilgileri:Kalori 290 Kcal Proteinler: 14 g Karbonhidratlar: 43 g

Yağlar: 8 g

Sotelenmiş tavuk ve bezelye

Porsiyonlar: 4

Pişirme süresi: 10 dakika

İçindekiler:

1 ¼ su bardağı derisiz, kemiksiz tavuk göğsü, ince dilimlenmiş 3 yemek kaşığı doğranmış taze kişniş

2 yemek kaşığı bitkisel yağ

2 yemek kaşığı susam

1 demet taze soğan, ince dilimlenmiş

2 çay kaşığı Sriracha

2 diş kıyılmış sarımsak

2 yemek kaşığı pirinç sirkesi

1 dolmalık biber, ince dilimlenmiş

3 yemek kaşığı soya sosu

2½ bardak bezelye

tatmak için tuz

Tatmak için taze çekilmiş karabiber

Adresler:

1. Yağı bir tavada orta ateşte ısıtın. Sarımsakları ve ince dilimlenmiş taze soğanları ekleyin. Bir dakika pişirin ve ardından biberle birlikte 2 ½ bardak bezelye ekleyin. Yumuşayana kadar pişirin, sadece 3-4 dakika kadar.

2. Tavuğu ekleyin ve yaklaşık 4-5 dakika veya tamamen pişene kadar pişirin.

3. 2 çay kaşığı Sriracha, 2 yemek kaşığı susam, 3 yemek kaşığı ekleyin.

yemek kaşığı soya sosu ve 2 yemek kaşığı pirinç sirkesi. İyice birleşene kadar her şeyi karıştırın. 2-3 dakika kısık ateşte pişirin.

4. 3 yemek kaşığı kıyılmış kişnişi ekleyin ve iyice karıştırın. Gerekirse daha fazla susam ve kişniş aktarın ve serpin. Eğlenmek!

Beslenme bilgileri:228 kalori 11 gr yağ 11 gr toplam karbonhidrat 20 gr protein

Hamsi ve Bademli Sulu Brokoli Porsiyon: 6

Pişirme süresi: 10 dakika

İçindekiler:

2 demet brokoli, doğranmış

1 yemek kaşığı sızma zeytinyağı

1 uzun taze kırmızı şili, çekirdeksiz, ince doğranmış 2 diş sarımsak, ince dilimlenmiş

¼ bardak çiğ badem, büyük parçalar halinde doğranmış

2 çay kaşığı ince rendelenmiş limon kabuğu

Bir tutam taze limon suyu.

4 adet doğranmış hamsi yağda

Adresler:

1. Yağı büyük bir tencerede sıcak olana kadar ısıtın. Süzülmüş hamsiyi, sarımsağı, şiliyi ve limon kabuğu rendesini ekleyin. Kokusu çıkana kadar pişirin, 30

saniye, sık sık karıştırarak. Bademleri ekleyin ve sık sık karıştırarak bir dakika daha pişirmeye devam edin. Ateşten alın ve bir miktar taze limon suyu ekleyin.

2. Daha sonra brokolileri, kaynar su dolu bir tencerenin üzerine yerleştirilmiş buharlı pişirme sepetine yerleştirin. Kapağını kapatıp yumuşayana ve çıtır olana kadar 2 kişilik pişirin.

3 dakika uzakta. İyice süzün ve ardından geniş bir servis tabağına aktarın. Badem karışımıyla kaplayın. Eğlenmek.

<u>Beslenme bilgileri:</u>kcal 350 Yağlar: 7 g Lif: 3 g Proteinler: 6 g

Shiitake ve ıspanaklı köfte

Porsiyonlar: 8

Pişirme süresi: 15 dakika

İçindekiler:

1 ½ bardak shiitake mantarı, doğranmış

1 buçuk su bardağı doğranmış ıspanak

3 diş kıyılmış sarımsak

2 doğranmış soğan

4 çay kaşığı zeytinyağı

1 yumurta

1 ½ su bardağı pişmiş kinoa

1 ½ çay kaşığı İtalyan baharatı

1/3 bardak kızarmış ayçiçeği çekirdeği, öğütülmüş

1/3 su bardağı rendelenmiş pecorino peyniri

Adresler:

1. Zeytinyağını bir tavada ısıtın. Isındıktan sonra shiitake mantarlarını 3 dakika veya hafifçe kömürleşene kadar soteleyin. Sarımsak ve soğanı ekleyin. 2 dakika veya kokusu çıkana ve yarı saydam olana kadar soteleyin. Bir kenara bırak.

2. Aynı tavada kalan zeytinyağını ısıtın. Ispanağı ekleyin. Isıyı azaltın, ardından 1 dakika pişirin, süzün ve bir kevgir içine aktarın.

3. Ispanakları ince ince kıyıp mantarlı karışıma ekleyin. Ispanaklı karışıma yumurtayı ekleyin. Pişmiş kinoayı karıştırın, İtalyan baharatlarıyla tatlandırın ve iyice birleşene kadar karıştırın. Ayçiçeği çekirdeği ve peynir serpin.

4. Ispanak karışımını köftelere bölün: Köfteleri 5 dakika içinde pişirin.

dakika veya sert ve altın rengi olana kadar. Hamburger ekmeği ile servis yapın.

Beslenme bilgileri:Kalori 43 Karbonhidratlar: 9 gr Yağlar: 0 gr Proteinler: 3 gr

Brokoli ve karnabahar salatası

Porsiyonlar: 6

Pişirme süresi: 20 dakika

İçindekiler:

¼ çay kaşığı karabiber, öğütülmüş

3 su bardağı karnabahar çiçeği

1 çorba kaşığı sirke

1 çay kaşığı Sevgi

8 su bardağı kıyılmış lahana

3 su bardağı brokoli çiçeği

4 yemek kaşığı sızma zeytinyağı

½ çay kaşığı Tuz

1 ½ çay kaşığı Dijon hardalı

1 çay kaşığı Sevgi

½ su bardağı kurutulmuş kiraz

1/3 bardak ceviz, doğranmış

1 bardak manchego peyniri, rendelenmiş

Adresler:

1. Fırını önceden 450°F'ye ısıtın ve orta rafa bir fırın tepsisi yerleştirin.

2. Daha sonra karnabahar ve brokoli çiçeklerini geniş bir kaseye koyun.

3. Tuzun yarısını, iki yemek kaşığı yağı ve karabiberi ekleyin. İyice karıştırın.

4. Şimdi karışımı önceden ısıtılmış tepsiye aktarın ve ortasını bir kez çevirerek 12 dakika pişirin.

5. Yumuşak ve altın rengi olunca fırından çıkarın ve tamamen soğumaya bırakın.

6. Bu arada kalan iki yemek kaşığı yağı, sirkeyi, balı, hardalı ve tuzu başka bir kapta karıştırın.

7. Yaprakları elinizle hareket ettirerek bu karışımı lahana yapraklarının üzerine fırçalayın. 3 ila 5 dakika bekletin.

8. Son olarak brokoli ve karnabahar salatasına kavrulmuş sebzeleri, peyniri, kirazları ve cevizi ekleyin.

Beslenme bilgileri:Kalori: 259Kcal Proteinler: 8,4g Karbonhidratlar: 23,2g Yağlar: 16,3g

Çin bükümlü tavuk salatası

Porsiyonlar: 3

Pişirme süresi: 25 dakika

İçindekiler:

1 orta boy yeşil soğan (ince dilimlenmiş)

2 kemiksiz tavuk göğsü

2 yemek kaşığı soya sosu

¼ çay kaşığı beyaz biber

1 yemek kaşığı susam yağı

4 su bardağı marul (doğranmış)

1 bardak lahana (rendelenmiş)

¼ bardak küçük doğranmış havuç

¼ bardak ince dilimlenmiş badem

¼ bardak erişte (sadece servis için)

Çin garnitürü hazırlamak için:

1 diş kıyılmış sarımsak

1 çay kaşığı soya sosu

1 yemek kaşığı susam yağı

2 yemek kaşığı pirinç sirkesi

1 kaşık şeker

Adresler:

1. Tüm malzemeleri bir kapta çırparak Çin garnitürünü hazırlayın.

2. Tavuk göğüslerini bir kapta sarımsak, zeytinyağı, soya sosu ve beyaz biberle 20 dakika marine edin.

3. Pişirme kabını önceden ısıtılmış fırına (225 ° C'de) yerleştirin.

4. Tavuk göğüslerini fırın tepsisine yerleştirin ve yaklaşık 20 dakika pişirin.

dakika

5. Salatayı hazırlamak için marul, lahana, havuç ve yeşil soğanı birleştirin.

6. Servis yapmak için bir tabağa bir parça tavuk, üstüne de salata koyun. Erişte ile birlikte biraz garnitür dökün.

Beslenme bilgileri:Kalori 130 Karbonhidrat: 10 gr Yağ: 6 gr Protein: 10 gr

Kinoa ve amaranth ile doldurulmuş biber

Porsiyon: 4

Pişirme süresi: 1 saat 10 dakika

İçindekiler:

2 yemek kaşığı amarant

1 orta boy kabak, kesilmiş ve rendelenmiş

2 dal olgun domates, buz küpleri halinde kesilmiş

2/3 su bardağı (yaklaşık 135 gr) kinoa

1 orta boy soğan ince doğranmış

2 diş kıyılmış sarımsak

1 çay kaşığı öğütülmüş kimyon

2 yemek kaşığı hafif kavrulmuş ay çekirdeği 75 gr ricotta peyniri, taze

2 yemek kaşığı kuş üzümü

4 dolmalık biber, büyük, uzunlamasına ikiye bölünmüş ve çekirdekleri

çıkarılmış 2 yemek kaşığı düz yapraklı maydanoz, doğranmış<u>Adresler:</u>

1. Tercihen büyük bir fırın tepsisini bir miktar parşömen kağıdı (yapışmaz) ile

kaplayın ve ardından fırınınızı önceden 350 F'ye ısıtın. Orta boy bir tencereye yaklaşık yarım litre su doldurun, ardından amaranth ve kinoayı ekleyin; orta ateşte kaynatın. Bu yapıldıktan sonra ısıyı en aza indirin; fasulyeler al dente oluncaya ve su emilene kadar kapağını kapatın ve pişirin, 12 ila 15

dakika Isıdan çıkarın ve bir kenara koyun.

2. Bu arada büyük bir tavayı hafifçe yağla kaplayın ve orta ateşte ısıtın. Isındıktan sonra soğanı ve kabağı ekleyin ve sık sık karıştırarak birkaç dakika yumuşayana kadar pişirin. Kimyon ve sarımsak ekleyin; bir dakika pişirin. Isıdan çıkarın ve soğumaya bırakın.

3. Fasulyeyi, soğan karışımını, ayçiçeği çekirdeğini, kuş üzümünü, maydanozu, ricotta'yı ve domatesi tercihen büyük bir kaseye koyun; Malzemeleri iyice birleşene kadar iyice karıştırın; tatmak için biber ve tuz ekleyin.

4. Biberlerin içini hazırlanan kinoa karışımıyla doldurun ve fırın tepsisini alüminyum folyoyla kaplayarak fırın tepsisine yerleştirin. Hornee akşam 5'ten akşam 8'e kadar

dakika Folyoyu çıkarın ve dolgu altın rengi kahverengi olana ve sebzeler yumuşayana kadar 15 ila 20 dakika daha pişirin.

Beslenme bilgileri:kcal 200 Yağlar: 8,5 g Lif: 8 g Proteinler: 15 g

Peynir kabuklu çıtır balık filetosu Porsiyon: 4

Pişirme süresi: 10 dakika

İçindekiler:

¼ bardak tam tahıllı ekmek kırıntısı

¼ su bardağı rendelenmiş parmesan peyniri

¼ çay kaşığı deniz tuzu ¼ çay kaşığı karabiber

1 çorba kaşığı Zeytinyağlı 4 tilapia filetosu

Adresler:

1. Fırını 375°F'ye önceden ısıtın.

2. Galeta unu, Parmesan peyniri, tuz, karabiber ve zeytinyağını bir karıştırma kabına ekleyin.

3. İyice karışana kadar iyice karıştırın.

4. Biftekleri karışımla kaplayın ve hafifçe püskürtülmüş bir fırın tepsisine yerleştirin.

5. Tepsiyi fırına yerleştirin.

6. Biftekler iyice pişip kızarıncaya kadar 10 dakika pişirin.

Beslenme bilgileri:Kalori: 255 Yağ: 7 gr Protein: 15,9 gr Karbonhidrat: 34 gr Lif: 2,6 gr

Protein fasulyesi ve yeşil doldurulmuş kabuklar

İçindekiler:

Orijinal veya deniz tuzu

Zeytin yağı

12 ons baharat büyüklüğünde yeşil soğan paketi (yaklaşık 40) 1 pound doğranmış ıspanak, solmuş

2 ila 3 diş sarımsak, soyulmuş ve bölünmüş

15-16 oz. çedar ricotta peyniri (ideal olarak tam yağlı / tam yağlı süt) 2 yumurta

1 kutu beyaz fasulye (örneğin cannellini), süzülmüş ve kızartılmış

½ bardak yeşil pesto, özel yapım veya yerel kaynaklı Karabiber

3 bardak (veya daha fazla) marinara sosu

Rendelenmiş Parmesan peyniri veya çedar pecorino peyniri (isteğe bağlı)Adresler:

1. Büyük bir tencerede en az 5 litre suyu kaynama noktasına kadar ısıtın (veya iki küçük grup halinde çalışın). Bir kaşık tuz, bir tutam zeytinyağı ve kabukları ekleyin. Kabukları izole etmek için ara sıra karıştırarak yaklaşık 9 dakika (veya aşırı sertleşene kadar) köpürtün. Kabukları bir kevgir içinde

yavaşça süzün veya açık bir kaşıkla sudan çıkarın. Hızlıca soğuk suyla yıkayın. Kenarlı bir fırın tepsisini streç filmle kaplayın. Kabuklar elle tutulacak kadar soğuduğunda, elle ayırın, fazla suyu dökün ve açıklığı yaprak kabında tek bir katmana yerleştirin. Tamamen soğuduktan sonra yavaş yavaş plastik filmle yayın.

2. Benzer bir tencerede birkaç litre suyu (ya da çöpe atmadıysanız kalan makarna suyunu kullanın) kaynatın. Solmuş ıspanağı ekleyin ve yüksek ateşte yumuşayana kadar üç dakika pişirin. Açıklıkların çok büyük olması durumunda süzgeci ıslatılmış kağıt havlularla hizalayın, bu noktada ıspanağı kanalize edin. · Dolum başlarken daha fazlasının süzülmesi için süzgeci bir kasenin üzerine yerleştirin.

3. Mutfak robotuna sadece sarımsağı ekleyin ve ince bir şekilde doğrayıp kenarlarına yapışana kadar işleyin. Kasenin kenarlarını kazıyın, bu noktada ricotta'yı, yumurtaları, fasulyeleri, pestoyu, 1½'yi ekleyin.

çay kaşığı tuz ve birkaç yemek kaşığı karabiber (büyük bir tutam). Ispanakları elinizde iyice bastırarak suyunu iyice süzün, bu noktada besin işlemcisine farklı malzemeleri ekleyin. Birkaç küçük ıspanak parçası hala görülebilecek şekilde neredeyse yumuşayana kadar çalıştırın. Çiğ yumurtayı ekledikten sonra tadına bakma eğiliminde değilim, ancak temel lezzetinin biraz bozuk olduğunu düşünüyorsanız ve tadı damak tadınıza göre ayarlayın.

4. Izgarayı 350 (F)'ye önceden ısıtın ve 9 x 13 inçlik bir alanı hafifçe yağlayın veya duşlayın.

tava ve ayrıca daha küçük bir gulaş kabı (kabukların yaklaşık 8-10'u 9x13'e sığmaz). Kabukları doldurmak için, baskın olmayan elinizin başparmağı ve işaret parmağıyla açık tutarak her bir kabuğu sırayla alın. Diğer elinizle yükün 3 ila 4 yemek kaşığı kadarını servis edin ve kabuğunu kazıyın. Çoğu pek iyi görünmeyecek, bu sorun değil! Doldurulmuş kabukları hazırlanan kaba birbirine yakın şekilde yerleştirin. Sosu, yeşil dolgunun belirgin parçalarını bırakarak kabukların üzerine dökün. Kabı tezgahla yağlayıp 30 dakika kadar hazırlayın. Isıyı 375 (F)'ye yükseltin, kabukların üzerine biraz rendelenmiş parmesan serpin (eğer kullanıyorsanız) ve ısıyı 5 dakika daha kısın.

Kaşar peyniri eriyip nem miktarı azalıncaya kadar 10 dakika kadar pişirin.

5. 5 ila 10 dakika soğumaya bırakın, bu noktada tek başına veya geç varış olarak taze bir tabak karışık sebze ile servis yapın.

Asya Erişte Salatası Malzemeler:

8 ons uzun hafif tam buğdaylı makarna eriştesi, örneğin spagetti (glütensiz yapmak için soba eriştesi kullanın) 24 ons Mann'ın Brokoli Salatası - 2 12 ons torba 4 ons öğütülmüş havuç

1/4 su bardağı sızma zeytinyağı

1/4 bardak pirinç sirkesi

3 yemek kaşığı Nektar: Sebzeli bir sevgili yapmak için hafif agav nektarı kullanın

3 yemek kaşığı yumuşak ceviz kreması

2 yemek kaşığı düşük sodyumlu soya sosu - gerekirse glutensiz 1 yemek kaşığı Sriracha biber sosu - veya sarımsaklı şili sosu, ayrıca damak tadınıza göre ekstra

1 yemek kaşığı kıyılmış taze zencefil

2 çay kaşığı kıyılmış sarımsak - yaklaşık 4 diş 3/4 bardak tuzsuz kavrulmuş fıstık - genel olarak doğranmış 3/4 bardak taze kişniş - ince doğranmış

Adresler:

1. Büyük bir tencerede tuzlu suyu kaynatın. Erişteleri paket talimatlarına göre hafifçe sertleşinceye kadar pişirin. Fazla nişastayı boşaltmak ve pişirmeyi durdurmak için soğuk suyla hızlı bir şekilde boşaltın ve durulayın;

bu noktada büyük bir servis kasesine aktarın. Brokoli ve havuç lahana salatasını ekleyin.

2. Makarna pişerken zeytinyağı, pirinç sirkesi, nektar, ceviz kreması, soya sosu, Sriarcha, zencefil ve sarımsağı karıştırın. Erişte karışımını üzerine dökün ve sertleşinceye kadar fırlatın. Fıstığı ve kişnişi ekleyip tekrar fırlatın. İsteğe göre ilave Sriracha sos ile soğutulmuş veya oda sıcaklığında servis yapın.

3. Formülle ilgili notlar

4. Asya şehriye salatası soğuk veya oda sıcaklığında servis edilebilir.

Artıkları dondurucuda, hava geçirmez bir kapta 3 güne kadar saklayın.

Somon ve yeşil fasulye porsiyonları

Porsiyonlar: 4

Pişirme süresi: 26 dakika

İçindekiler:

2 yemek kaşığı zeytinyağı

1 doğranmış sarı soğan

4 somon fileto, kemiksiz

1 bardak egzotik, kesilmiş ve yarıya bölünmüş

2 diş kıyılmış sarımsak

½ su bardağı tavuk suyu

1 çay kaşığı Şili tozu

1 çay kaşığı tatlı kırmızı biber

Bir tutam tuz ve karabiber.

1 yemek kaşığı kıyılmış kişniş

Adresler:

1. Tavayı orta ateşte yağla ısıtın, soğanı ekleyin, karıştırın ve 2 dakika kızartın.

2. Balıkları ekleyin ve her iki tarafını da 2 dakika kızartın.

3. Geri kalan malzemeleri ekleyin, yavaşça karıştırın ve her şeyi 360 derece F'de 20 dakika pişirin.

4. Her şeyi tabaklara paylaştırın ve öğle yemeğinde servis yapın.

<u>Beslenme bilgileri:</u>kalori 322, yağ 18,3, lif 2, karbonhidrat 5,8, protein 35,7

Peynirli tavuk dolması için malzemeler:

2 adet taze soğan (ince dilimlenmiş)

2 çekirdeksiz jalapeno (ince dilimlenmiş)

1/4 bardak kişniş

1 çay kaşığı limon kabuğu rendesi

4 ons Cheddar Monterey Jack (iri öğütülmüş) 4 kemiksiz, derisiz tavuk göğsü

3 yemek kaşığı zeytinyağı

Sal

biber

3 yemek kaşığı limon suyu

2 kırmızı biber (ince doğranmış)

1/2 küçük mor soğan (ince dilimlenmiş)

5 c. yırtık marul

Adresler:

1. Izgarayı 450° F'a kadar önceden ısıtın. Bir kasede, yumuşak soğanları ve çekirdeksiz jalapenoları, 1/4 bardak kişniş (doğranmış) ve limonu birleştirin

ve hazırlayın ve hazırlayın, bu noktada Monterey Jack çedar peyniri ile karıştırın.

2. Bıçağı her kemiksiz, derisiz tavuk göğsünün en kalın parçasına yerleştirin ve herhangi bir sorun yaşamadan mümkün olduğu kadar geniş 2 1/2 inçlik bir boşluk oluşturmak için bir yandan diğer yana hareket ettirin. Tavukların içini kaşar peyniri karışımıyla doldurun.

3. 2 yemek kaşığı zeytinyağını büyük bir tavada orta ateşte ısıtın.

Tavuğu tuz ve karabiberle tatlandırın ve bir tarafı koyulaşana kadar 3 ila 4 dakika pişirin. Tavuğu ters çevirin ve pişene kadar 10 ila 12 dakika kızartın.

4. Bu arada büyük bir kapta limon suyunu karıştırın, 1

yemek kaşığı zeytinyağı ve 1/2 çay kaşığı tuz. Dolmalık biberleri ve mor soğanı ekleyin ve ara sıra karıştırarak 10 dakika bekletin. Marul ve 1 bardak taze kişniş ekleyin. Tavuk ve limonlu cırcır böceği ile servis edilir.

Gorgonzola soslu roka

Porsiyonlar: 4

Pişirme süresi: 0 dakika

İçindekiler:

1 demet roka, temiz

1 armut, ince dilimlenmiş

1 yemek kaşığı taze limon suyu

1 diş ezilmiş sarımsak

1/3 bardak Gorgonzola peyniri, ufalanmış

1/4 bardak sebze suyu, sodyumu azaltılmış

Taze kara biber

4 çay kaşığı zeytinyağı

1 yemek kaşığı elma sirkesi

Adresler:

1. Armut dilimlerini ve limon suyunu bir kaseye koyun. Ceketini fırlat.

Armut dilimlerini rokayla birlikte bir tepsiye dizin.

2. Bir kasede sirkeyi, yağı, peyniri, et suyunu, biberi ve sarımsağı birleştirin. 5 dakika etki etmesini bekleyin, sarımsakları çıkarın. Garnitürünü koyun ve servis yapın.

<u>Beslenme bilgileri:</u>Kalori 145 Karbonhidrat: 23 g Yağ: 4 g Protein: 6 g

Lahana çorbası porsiyonları

Porsiyonlar: 6

Pişirme süresi: 35 dakika

İçindekiler:

1 doğranmış sarı soğan

1 yeşil lahana, doğranmış

2 yemek kaşığı zeytinyağı

5 su bardağı sebze suyu

1 havuç, soyulmuş ve rendelenmiş

Bir tutam tuz ve karabiber.

1 yemek kaşığı kıyılmış kişniş

2 çay kaşığı kıyılmış kekik

½ çay kaşığı füme kırmızı biber

½ çay kaşığı acı kırmızı biber

1 yemek kaşığı limon suyu

Karnabaharlı pilav porsiyonları

Porsiyonlar: 4

Pişirme süresi: 10 dakika

İçindekiler:

¼ bardak yemeklik yağ

1 çorba kaşığı hindistancevizi yağı

1 çorba kaşığı Hindistan cevizi şekeri

4 su bardağı karnabahar, ½ çay kaşığı çiçeklere ufalanmış. Sal

Adresler:

1. Öncelikle karnabaharı mutfak robotunda işleyin ve 1-2 dakika çekin.

2. Yağı büyük bir tavada orta ateşte ısıtın, ardından karnabaharı pirinç, hindistancevizi şekeri ve tuzla birlikte tavaya dökün.

3. İyice birleştirin ve 4 ila 5 dakika veya karnabahar hafifçe yumuşayana kadar pişirin.

4. Son olarak hindistan cevizi sütünü dökün ve keyfini çıkarın.

<u>Beslenme bilgileri:</u>Kalori 108 Kcal Proteinler: 27,1 g Karbonhidratlar: 11 g

Yağlar: 6 g

Beyaz peynirli frittata ve ıspanak porsiyonları

Porsiyonlar: 4

Pişirme süresi: 10 dakika

İçindekiler:

½ küçük mor soğan

250 gr yumuşak ıspanak

½ bardak süzme peynir

1 yemek kaşığı sarımsak salçası

4 çırpılmış yumurta

Baharat karışımı

Tatmak için biber ve tuz

1 yemek kaşığı zeytinyağı

Adresler:

1. İnce doğranmış soğanı yağa ekleyin ve orta ateşte pişirin.

2. Ispanakları açık kahverengi soğanlara ekleyin ve 2 dakika soteleyin.

3. Soğuk ıspanak ve soğan karışımını yumurtalara ekleyin.

4. Şimdi sarımsak ezmesini, tuzu ve karabiberi ekleyip karışımı karıştırın.

5. Bu karışımı kısık ateşte pişirin ve yumurtaları yavaşça ekleyerek karıştırın.

6. Yumurtalara beyaz peynir ekleyin ve tavayı önceden ısıtılmış ızgaranın altına yerleştirin.

7. Frittata altın rengi kahverengi olana kadar yaklaşık 2 ila 3 dakika pişirin.

8. Bu peynirli frittatayı sıcak veya soğuk olarak servis edin.

<u>Beslenme bilgileri:</u>Kalori 210 Karbonhidrat: 5 gr Yağ: 14 gr Protein: 21 gr

Sıcak Tavuk Tencere Çıkartmaları için Malzemeler:

1 kiloluk öğütülmüş tavuk

1/2 su bardağı kıyılmış lahana

1 havuç, soyulmuş ve doğranmış

2 diş sarımsak, sıkılmış

2 yeşil soğan, ince dilimlenmiş

1 yemek kaşığı azaltılmış sodyum soya sosu

1 yemek kaşığı kuru üzüm sosu

1 yemek kaşığı doğal öğütülmüş zencefil

2 çay kaşığı susam yağı

1/4 çay kaşığı öğütülmüş beyaz biber

36 galibiyet

2 yemek kaşığı bitkisel yağ

SICAK ŞİLİ YAĞ SOSU İÇİN:

1/2 su bardağı bitkisel yağ

1/4 su bardağı kurutulmuş kırmızı biber, ezilmiş

2 diş kıyılmış sarımsak

Adresler:

1. Bitkisel yağı küçük bir tavada orta ateşte ısıtın. Yağ 180 derece F'ye ulaşana kadar yaklaşık 8-10 dakika ara sıra karıştırarak doğranmış biberleri ve sarımsakları karıştırın; güvenli bir yere koyun.

2. Büyük bir kapta tavuk, lahana, havuç, sarımsak, taze soğan, soya sosu, kuru üzüm sosu, zencefil, susam yağı ve beyaz biberi birleştirin.

3. Köfteleri birleştirmek için ambalajları çalışma yüzeyine yerleştirin.

Her bir sarmanın odak noktasına 1 yemek kaşığı tavuk karışımını kaşıkla dökün. Parmağınızı kullanarak ambalajların kenarlarını suyla ovalayın. Karışımı bir hilal oluşturacak şekilde dolgunun üzerine katlayın ve kenarları kapatacak şekilde bastırın.

4. Bitkisel yağı büyük bir tavada orta ateşte ısıtın.

Tek bir kat halinde tencere çıkartmaları ekleyin ve parlak ve gevrek olana kadar her tarafı yaklaşık 2-3 dakika pişirin.

5. Sıcak güveç yağı sosuyla hızlıca servis yapın.

Kum karnabaharlı sarımsaklı karides Porsiyon: 2

Pişirme süresi: 15 dakika

İçindekiler:

Karides hazırlamak için

1 kiloluk karides

2-3 yemek kaşığı kajun baharatı

Sal

1 yemek kaşığı tereyağı/sıvı yağ

Karnabahar irmiği hazırlamak için

2 yemek kaşığı sade tereyağı

12 ons karnabahar

1 tane sarımsak

tatmak için tuz

Adresler:

1. Karnabaharı ve sarımsağı 8 ons suda orta ateşte yumuşayana kadar kaynatın.

2. Yumuşak karnabaharı mutfak robotunda sade yağ ile karıştırın. Doğru kıvamı elde etmek için buharlı suyu yavaş yavaş ekleyin.

3. Karideslerin üzerine 2 yemek kaşığı kaju baharatı serpin ve marine etmelerini sağlayın.

4. Büyük bir tavaya 3 yemek kaşığı tereyağını alıp karidesleri orta ateşte pişirin.

5. Bir kaseye büyük bir kaşık dolusu karnabahar irmiği koyun ve üzerine kızarmış karidesleri ekleyin.

<u>Beslenme bilgileri:</u>Kalori 107 Karbonhidratlar: 1 gr Yağlar: 3 gr Proteinler: 20 gr

Brokolili ton balığı

Porsiyonlar: 1

Pişirme süresi: 10 dakika

İçindekiler:

1 çay kaşığı sızma zeytinyağı

3 ons Ton balığı, tercihen hafif ve parçalar halinde, 1 çorba kaşığı süzülmüş. Büyük parçalar halinde doğranmış ceviz

2 su bardağı brokoli, ince doğranmış

½ çay kaşığı acı sos

Adresler:

1. Brokoliyi, baharatları ve ton balığını geniş bir kapta iyice birleşene kadar karıştırarak başlayın.

2. Daha sonra sebzeleri fırında 3 dakika veya yumuşayana kadar mikrodalgada pişirin.

3. Daha sonra kaseye cevizi ve zeytinyağını ekleyip iyice karıştırın.

4. Servis yapın ve tadını çıkarın.

<u>Beslenme bilgileri:</u>Kalori 259 Kcal Proteinler: 27,1 g Karbonhidratlar: 12,9 g

Yağlar: 12,4 g

Karidesli balkabağı çorbası Porsiyon: 4

Pişirme süresi: 20 dakika

İçindekiler:

3 yemek kaşığı tuzsuz tereyağı

1 küçük mor soğan, ince doğranmış

1 diş dilimlenmiş sarımsak

1 çay kaşığı zerdeçal

1 çay kaşığı tuz

¼ çay kaşığı taze çekilmiş karabiber

3 su bardağı sebze suyu

2 bardak soyulmuş kabak, ¼ inç küpler halinde kesilmiş 1 pound pişmiş soyulmuş karides, gerekirse çözülmüş 1 bardak şekersiz badem sütü

¼ bardak şeritli badem (isteğe bağlı)

2 yemek kaşığı ince kıyılmış taze düz yapraklı maydanoz 2 çay kaşığı rendelenmiş veya doğranmış limon kabuğu rendesi

Adresler:

1. Tereyağını geniş bir tencerede yüksek ateşte eritin.

2. Soğanı, sarımsağı, zerdeçalı, tuzu ve karabiberi ekleyin ve sebzeler yumuşak ve yarı şeffaf hale gelinceye kadar 5 ila 7 dakika soteleyin.

3. Et suyunu ve balkabağını ekleyip kaynatın.

4. 5 dakika pişirin.

5. Karides ve badem sütünü ekleyin ve iyice ısınana kadar yaklaşık 2 dakika pişirin.

6. Üzerine badem (kullanılıyorsa), maydanoz ve limon kabuğu rendesi serpip servis yapın.

Beslenme bilgileri:Kalori 275 Toplam Yağ: 12 gr Toplam Karbonhidrat: 12 gr Şeker: 3 gr Lif: 2 gr Protein: 30 gr Sodyum: 1665 mg

Lezzetli pişmiş hindi topları Porsiyon: 6

Pişirme süresi: 30 dakika

İçindekiler:

1 pound öğütülmüş hindi

½ su bardağı taze galeta unu, beyaz veya tam buğday ½ su bardağı taze rendelenmiş Parmesan peyniri

½ yemek kaşığı fesleğen, taze doğranmış

½ yemek kaşığı kekik, taze doğranmış

1 büyük yumurta, dövülmüş

1 çorba kaşığı maydanoz, taze doğranmış

3 yemek kaşığı süt veya su

Bir tutam tuz ve karabiber

Bir tutam taze rendelenmiş hindistan cevizi

Adresler:

1. Fırını 350°F'ye önceden ısıtın.

2. İki fırın tepsisini parşömen kağıdıyla örtün.

3. Tüm malzemeleri geniş bir karıştırma kabına ekleyin.

4. Karışımı 1 inçlik toplar haline getirin ve her bir topu fırın tepsisine yerleştirin.

5. Tavayı fırına koyun.

6. 30 dakika veya hindi tamamen pişip yüzeyleri kızarana kadar pişirin.

7. Köfteleri pişirme işleminin yarısına gelindiğinde bir kez çevirin.

<u>Beslenme bilgileri:</u>Kalori: 517 KalYağ: 17,2 g Protein: 38,7 g Karbonhidrat: 52,7 g Lif: 1 g

Şeffaf deniz tarağı çorbası porsiyonları

Porsiyonlar: 4

Pişirme süresi: 15 dakika

İçindekiler:

2 yemek kaşığı tuzsuz tereyağı

½ inçlik parçalar halinde kesilmiş 2 orta boy havuç

2 sap kereviz, ince dilimlenmiş

1 küçük mor soğan, ¼ inç doğranmış

2 diş sarımsak, dilimlenmiş

2 su bardağı sebze suyu

1 şişe (8 ons) deniz tarağı suyu

1 kutu (10 ons) istiridye

½ çay kaşığı kurutulmuş kekik

½ çay kaşığı tuz

¼ çay kaşığı taze çekilmiş karabiber

Adresler:

1. Tereyağını büyük bir tencerede yüksek ateşte eritin.

2. Havucu, kerevizi, soğanı ve sarımsağı ekleyin ve hafifçe yumuşayana kadar 2 ila 3 dakika soteleyin.

3. Et suyunu ve deniz tarağı suyunu ekleyip kaynatın.

4. Kaynamaya bırakın ve havuçlar yumuşayana kadar 3 ila 5 dakika pişirin.

5. İstiridyeleri ve meyve suyunu, kekiği, tuzu ve karabiberi ekleyin, 2 ila 3 dakika ısıtın ve servis yapın.

<u>Beslenme bilgileri:</u>Kalori 156 Toplam Yağ: 7 gr Toplam Karbonhidrat: 7 gr Şeker: 3 gr Lif: 1 gr Protein: 14 gr Sodyum: 981 mg

Tencerede pirinç ve tavuk porsiyonları

Porsiyonlar: 4

Pişirme süresi: 25 dakika

İçindekiler:

1 pound serbest gezinen tavuk göğsü, kemiksiz ve derisiz ¼ bardak kahverengi pirinç

¾ lb. dilimlenmiş dilediğiniz mantar

1 doğranmış pırasa

¼ bardak kıyılmış badem

1 bardak su

1 çorba kaşığı zeytin yağı

1 su bardağı yeşil fasulye

½ su bardağı elma sirkesi

2 yemek kaşığı çok amaçlı un

1 su bardağı az yağlı süt

¼ bardak taze rendelenmiş parmesan peyniri

¼ bardak ekşi krema

Bir tutam deniz tuzu, gerekirse daha fazlasını ekleyin

tatmak için öğütülmüş karabiber

Adresler:

1. Kahverengi pirinci bir tencereye dökün. Su ekle Kapağını kapatıp kaynamaya bırakın. Isıyı düşürün, ardından 30 dakika veya pirinç pişene kadar pişirin.

2. Bu arada bir tavaya tavuk göğsünü ekleyin ve üzerini kaplayacak kadar su dökün, tuz ekleyin. Karışımı kaynatın, ardından ısıyı azaltın ve 10 dakika pişirin.

3. Tavuğu parçalayın. Bir kenara bırak.

4. Zeytinyağını ısıtın. Pırasalar yumuşayana kadar pişirin. Mantarları ekleyin.

5. Karışıma elma sirkesini dökün. Karışımı sirke buharlaşana kadar soteleyin. Unu ve sütü tavaya ekleyin.

Parmesan peyniri serpin ve ekşi krema ekleyin. Karabiberle tatlandırın.

6. Fırını önceden 350 derece F'ye ısıtın. Tavayı hafifçe yağla yağlayın.

7. Pişmiş pirinci tavaya yayın, ardından kıyılmış tavuğu ve taze fasulyeyi üstüne yayın. Mantar ve pırasa sosunu ekleyin.

Üzerine bademleri koyun.

8. 20 dakika içinde veya altın rengi oluncaya kadar pişirin. Servis etmeden önce soğumasını bekle.

<u>Beslenme bilgileri:</u>Kalori 401 Karbonhidratlar: 54 g Yağlar: 12 g Proteinler: 20 g

Jambalaya Sotelenmiş Karides Karmaşık

Porsiyon: 4

Pişirme süresi: 30 dakika

İçindekiler:

10 ons orta boy karides, soyulmuş

¼ su bardağı doğranmış kereviz ½ su bardağı doğranmış soğan

1 çorba kaşığı sıvı yağ veya tereyağı ¼ çay kaşığı kıyılmış sarımsak

¼ çay kaşığı soğan tuzu veya deniz tuzu

⅓ fincan ketçap ½ çay kaşığı füme kırmızı biber

½ çay kaşığı Worcestershire sosu

⅔ su bardağı doğranmış havuç

1¼ su bardağı önceden pişirilmiş ve doğranmış tavuk sosisi 2 su bardağı mercimek, gece boyunca ıslatılmış ve önceden pişirilmiş 2 su bardağı bamya, doğranmış

Bir tutam ezilmiş kırmızı biber ve karabiber, üzerini kaplayacak şekilde rendelenmiş Parmesan peyniri (isteğe bağlı)<u>Adresler:</u>

1. Karides, kereviz ve soğanı yağda bir tavada orta-yüksek ateşte beş dakika veya karides pembeleşene kadar soteleyin.

2. Geri kalan malzemeleri ekleyin ve 10 dakika soteleyin.

dakika veya sebzeler yumuşayana kadar.

3. Servis yapmak için ximbalai karışımını dört servis kasesine eşit olarak bölün.

4. İstenirse biber ve peynirle kaplayın.

<u>Beslenme bilgileri:</u>Kalori: 529 Yağ: 17,6 g Protein: 26,4 g Karbonhidrat: 98,4 g Lif: 32,3 g

Şili ile tavuk porsiyonları

Porsiyonlar: 6

Pişirme süresi: 1 saat

İçindekiler:

1 doğranmış sarı soğan

2 yemek kaşığı zeytinyağı

2 diş kıyılmış sarımsak

1 kiloluk tavuk göğsü, derisiz, kemiksiz ve kovalarda 1 doğranmış yeşil biber

2 su bardağı tavuk suyu

1 yemek kaşığı kakao tozu

2 yemek kaşığı Şili tozu

1 çay kaşığı füme kırmızı biber

1 su bardağı konserve domates, doğranmış

1 yemek kaşığı kıyılmış kişniş

Bir tutam tuz ve karabiber.

Adresler:

1. Bir tencereyi orta ateşte yağla ısıtın, soğanı ve sarımsağı ekleyip 5 dakika kızartın.

2. Eti ekleyin ve 5 dakika daha kızartın.

3. Geri kalan malzemeleri ekleyin, karıştırın, orta ateşte 40 dakika pişirin.

4. Şili kaselere bölüştürün ve öğle yemeğinde servis yapın.

<u>Beslenme bilgileri:</u>kalori 300, yağ 2, lif 10, karbonhidrat 15, protein 11

Sarımsak ve mercimek çorbası porsiyonları

Porsiyonlar: 4

Pişirme süresi: 15 dakika

İçindekiler:

2 yemek kaşığı sızma zeytinyağı

2 orta boy havuç, ince dilimlenmiş

1 küçük beyaz soğan, ¼ inç doğranmış

2 diş sarımsak, ince dilimlenmiş

1 çay kaşığı tarçın tozu

1 çay kaşığı tuz

¼ çay kaşığı taze çekilmiş karabiber

3 su bardağı sebze suyu

1 kutu (15 ons) mercimek, suyu süzülmüş ve durulanmış 1 yemek kaşığı doğranmış veya rendelenmiş portakal kabuğu rendesi

¼ su bardağı kıyılmış ceviz (isteğe bağlı)

2 yemek kaşığı ince kıyılmış taze düz yapraklı maydanoz<u>Adresler:</u>

1. Yağı büyük bir tencerede yüksek ateşte ısıtın.

2. Havuç, soğan ve sarımsağı ekleyin ve yumuşayıncaya kadar 5 ila 7 dakika soteleyin.

dakika

3. Tarçın, tuz ve karabiberi ekleyin ve sebzeleri eşit şekilde kaplayacak şekilde 1 ila 2 dakika karıştırın.

4. Et suyunu koyun ve kaynatın. Kaynamaya bırakın, ardından mercimeği ekleyin ve 1 dakika kadar pişirin.

5. Portakal kabuğu rendesini ekleyin ve üstüne ceviz (eğer kullanılıyorsa) ve maydanoz serperek servis yapın.

<u>Beslenme bilgileri:</u>Kalori 201 Toplam Yağ: 8 gr Toplam Karbonhidrat: 22 gr Şeker: 4 gr Lif: 8 gr Protein: 11 gr Sodyum: 1178 mg

Klasik Santa Fe Tavada Kızartmada Lezzetli Kabak ve Tavuk

Porsiyonlar: 2

Pişirme süresi: 15 dakika

İçindekiler:

1 çorba kaşığı zeytin yağı

2 parça tavuk göğsü, dilimlenmiş

1 adet soğan, küçük, buz küpleri halinde kesilmiş

2 diş sarımsak, kıyılmış 1 parça kabak, doğranmış ½ bardak havuç, rendelenmiş

1 çay kaşığı füme kırmızı biber 1 çay kaşığı öğütülmüş kimyon

½ çay kaşığı Şili tozu ¼ çay kaşığı deniz tuzu

2 yemek kaşığı taze limon suyu

¼ bardak taze doğranmış kişniş

Servis yaparken kahverengi pirinç veya kinoa

Adresler:

1. Tavuğu zeytinyağında kızarana kadar yaklaşık 3 dakika soteleyin. Bir kenara bırak.

2. Aynı wok'u kullanarak soğanı ve sarımsağı ekleyin.

3. Soğan yumuşayana kadar pişirin.

4. Havuç ve kabakları ekleyin.

5. Karışımı karıştırın ve yaklaşık bir dakika daha pişirin.

6. Tüm baharatları karışıma ekleyin ve bir dakika daha pişirin.

7. Tavuğu wok'a geri koyun ve limon suyunu dökün.

8. Her şey iyice pişene kadar karıştırarak pişirin.

9. Servis etmek için karışımı pişmiş pirinç veya kinoanın üzerine koyun ve üzerini taze doğranmış kişnişle örtün.

<u>Beslenme bilgileri:</u>Kalori: 191 Yağ: 5,3 g Protein: 11,9 g Karbonhidrat: 26,3 g Lif: 2,5 g

Etkileyici zencefil ve susam salatası ile Tilapia tacos

Porsiyonlar: 4

Pişirme süresi: 5 saat.

İçindekiler:

1 çay kaşığı rendelenmiş taze zencefil

Tatlandırmak için tuz ve taze çekilmiş karabiber 1 çay kaşığı stevia

1 yemek kaşığı soya sosu

1 yemek kaşığı zeytinyağı

1 yemek kaşığı limon suyu

1 yemek kaşığı doğal yoğurt

1½ pound tilapia filetosu

1 bardak lahana salatası karışımı

Adresler:

1. Hazır Tencereyi açın, tilapia filetosu ve lahana salatası karışımı dışındaki tüm malzemeleri ekleyin ve iyice birleşene kadar karıştırın.

2. Daha sonra filetoları ekleyin, iyice kaplanana kadar karıştırın, kapağını kapatın, tuşuna basın.

'yavaş pişirme' tuşuna basın ve filetoları yarıya kadar çevirerek 5 saat pişirin.

3. Hazır olduğunuzda biftekleri bir tabağa aktarın ve tamamen soğumasını bekleyin.

4. Yemeği hazırlamak için lahana salatası karışımını dört hava geçirmez kaba bölün, tilapia ekleyin ve üç güne kadar buzdolabında saklayın.

5. Yemeye hazır olduğunuzda tilapia'yı mikrodalgada sıcak olana kadar tekrar ısıtın, ardından lahana salatası ile servis yapın.

<u>Beslenme bilgileri:</u>Kalori 278, Toplam Yağ 7,4g, Toplam Karbonhidrat 18,6g, Protein 35,9g, Şeker 1,2g, Lif 8,2g, Sodyum 194mg

Körili mercimek güveç

Porsiyonlar: 4

Pişirme süresi: 15 dakika

İçindekiler:

1 yemek kaşığı zeytinyağı

1 doğranmış soğan

2 diş kıyılmış sarımsak

1 yemek kaşığı organik köri baharatı

4 su bardağı organik düşük sodyumlu sebze suyu 1 su bardağı kırmızı mercimek

2 su bardağı kabak, pişmiş

1 bardak lahana

1 çay kaşığı zerdeçal

Tatmak için deniz tuzu

Adresler:

1. Geniş bir tencerede zeytinyağını soğan ve sarımsakla birlikte orta ateşte soteleyin, ekleyin. 3 dakika zıplayın.

2. Organik köri baharatını, sebze suyunu ve mercimekleri ekleyip kaynatın. 10 dakika pişirin.

3. Pişmiş kabak ve lahanayı ekleyin.

4. Tatlandırmak için zerdeçal ve deniz tuzunu ekleyin.

5. Sıcak servis yapın.

<u>Beslenme bilgileri:</u>Toplam karbonhidrat 41 g Diyet lifi: 13 g Protein: 16 g Toplam yağ: 4 g Kalori: 252

Izgara Tavuk Dürümlü Kıvırcık Lahana Sezar Salatası

Porsiyonlar: 2

Pişirme süresi: 20 dakika

İçindekiler:

6 su bardağı karalahana (lokma büyüklüğünde doğranmış) ½ haşlanmış yumurta; pişmiş

8 ons ızgara tavuk, ince dilimlenmiş

½ çay kaşığı Dijon hardalı

¾ bardak Parmesan peyniri, ince rendelenmiş

karabiber

koşer tuzu

1 diş kıyılmış sarımsak

1 su bardağı kiraz domates, dörde bölünmüş

1/8 su bardağı taze sıkılmış limon suyu

2 büyük tortilla veya iki lavaş pide

1 çay kaşığı agav veya bal

1/8 su bardağı zeytinyağı

Adresler:

1. Haşlanmış yumurtanın yarısını hardal, kıyılmış sarımsak, bal, zeytinyağı ve limon suyuyla büyük bir karıştırma kabında birleştirin. Pansumanla benzer bir kıvam elde edinceye kadar çırpın. Tatmak için biber ve tuzla tatlandırın.

2. Kiraz domatesleri, tavuğu ve lahanayı ekleyin; sosla iyice kaplanana kadar yavaşça karıştırın, ardından ¼ bardak Parmesan ekleyin.

3. Bazlamaları yayın ve hazırlanan salatayı ruloların üzerine eşit şekilde dağıtın; her birine yaklaşık ¼ bardak Parmesan serpin.

4. Ambalajları yuvarlayın ve ikiye bölün. Hemen servis yapın ve keyfini çıkarın.

<u>Beslenme bilgileri:</u>kcal 511 Yağlar: 29 g Lif: 2,8 g Proteinler: 50 g

Fasulye ve ıspanak salatası Porsiyon: 1

Pişirme süresi: 5 dakika

İçindekiler:

1 su bardağı taze ıspanak

¼ bardak konserve siyah fasulye

½ su bardağı konserve nohut

½ bardak cremini mantarı

2 yemek kaşığı organik balzamik sos 1 yemek kaşığı zeytinyağı

Adresler:

1. Cremini mantarlarını zeytinyağıyla birlikte kısık ateşte, hafif altın rengi oluncaya kadar 5 dakika pişirin.

2. Taze ıspanağı bir tabağa ekleyip fasulye, mantar ve balzamik sosla karıştırıp salatayı birleştirin.

Beslenme bilgileri:Toplam karbonhidrat 26 g Diyet lifi: 8 g Protein: 9 g Toplam yağ: 15 g Kalori: 274

Cevizli ve biberiyeli kabuklu somon Porsiyon: 6

Pişirme süresi: 20 dakika

İçindekiler:

1 diş kıyılmış sarımsak

1 yemek kaşığı Dijon hardalı

¼ yemek kaşığı limon kabuğu rendesi

1 yemek kaşığı limon suyu

1 yemek kaşığı taze biberiye

1/2 kaşık bal

Zeytin yağı

Taze maydanoz

3 yemek kaşığı kıyılmış ceviz

1 pound derisiz somon

1 yemek kaşığı ezilmiş taze kırmızı biber

tuz biber

Süslemek için limon dilimleri

3 yemek kaşığı Panko galeta unu

1 yemek kaşığı sızma zeytinyağı

Adresler:

1. Fırın tepsisini fırına yayın ve önceden 240°C'ye ısıtın.

2. Bir kapta hardal ezmesini, sarımsağı, tuzu, zeytinyağını, balı, limon suyunu, ezilmiş kırmızı biberi, biberiyeyi ve irin balını karıştırın.

3. Panko, ceviz ve yağı birleştirin ve ince bir dilim balığı fırın tepsisine yayın. Balıkların her iki tarafına eşit miktarda zeytinyağı gezdirin.

4. Ceviz karışımını somonun üzerine, üstüne de hardal karışımından dökün.

5. Somonu yaklaşık 12 dakika pişirin. Taze maydanoz ve limon dilimleriyle süsleyip sıcak servis yapın.

Beslenme bilgileri:Kalori 227 Karbonhidratlar: 0 g Yağlar: 12 g Proteinler: 29 g

Kırmızı Tahin soslu fırında tatlı patates

Porsiyon: 4

Pişirme süresi: 30 dakika

İçindekiler:

15 ons konserve nohut

4 orta boy tatlı patates

½ yemek kaşığı zeytinyağı

1 tutam tuz

1 yemek kaşığı limon suyu

Sarımsak ve ot sosu için 1/2 çay kaşığı kimyon, kişniş ve kırmızı biber tozu

¼ bardak tahin sosu

½ yemek kaşığı limon suyu

3 sarımsak

tatmak için tuz

Adresler:

1. Fırını önceden 204 ° C'ye ısıtın. Nohutları tuz, baharat ve zeytinyağıyla karıştırın. Bunları alüminyum folyoya yayın.

2. İnce tatlı patates dilimlerini yağla fırçalayın ve marine edilmiş fasulyelerin üzerine koyun ve pişirin.

3. Sos için tüm garnitürleri bir kapta karıştırın. Biraz su ekleyin, ancak koyu olmasını sağlayın.

4. 25 dakika sonra tatlı patatesleri fırından çıkarın.

5. Bu Fırında Tatlı Patates Nohut Salatasını Baharatlı Sarımsak Sosu ile süsleyin.

<u>Beslenme bilgileri:</u>Kalori 90 Karbonhidrat: 20 gr Yağ: 0 gr Protein: 2 gr

İtalyan yaz kabak çorbası porsiyonları

Porsiyonlar: 4

Pişirme süresi: 15 dakika

İçindekiler:

3 yemek kaşığı sızma zeytinyağı

1 küçük mor soğan, ince dilimlenmiş

1 diş kıyılmış sarımsak

1 su bardağı rendelenmiş kabak

1 su bardağı rendelenmiş sarı kabak

½ su bardağı rendelenmiş havuç

3 su bardağı sebze suyu

1 çay kaşığı tuz

2 yemek kaşığı ince kıyılmış taze fesleğen

1 yemek kaşığı ince kıyılmış taze frenk soğanı

2 yemek kaşığı çam fıstığı

Adresler:

1. Yağı büyük bir tencerede yüksek ateşte ısıtın.

2. Soğanı ve sarımsağı ekleyin ve yumuşayana kadar 5 ila 7 dakika soteleyin.

3. Kabak, sarı kabak ve havucu ekleyip yumuşayana kadar 1-2 dakika soteleyin.

4. Et suyunu ve tuzu ekleyip kaynatın. 1 ila 2 dakika kaynatın.

5. Fesleğen ve frenk soğanı ekleyip üzerine çam fıstığı serperek servis yapın.

<u>Beslenme bilgileri:</u>Kalori 172 Toplam Yağ: 15 gr Toplam Karbonhidrat: 6 gr Şeker: 3 gr Lif: 2 gr Protein: 5 gr Sodyum: 1170 mg

Safran ve somon çorbası porsiyonları

Porsiyonlar: 4

Pişirme süresi: 20 dakika

İçindekiler:

¼ bardak sızma zeytinyağı

2 pırasanın sadece beyaz kısımları, ince dilimlenmiş

2 orta boy havuç, ince dilimlenmiş

2 diş sarımsak, ince dilimlenmiş

4 su bardağı sebze suyu

1 pound derisiz somon filetosu, 1 inçlik parçalar halinde kesilmiş 1 çay kaşığı tuz

¼ çay kaşığı taze çekilmiş karabiber

¼ çay kaşığı safran ipi

2 su bardağı yumuşak ıspanak

½ bardak sek beyaz şarap

2 yemek kaşığı doğranmış yeşil soğanın hem beyaz hem de yeşil kısımları 2 yemek kaşığı ince kıyılmış taze düz yapraklı maydanoz<u>Adresler:</u>

1. Yağı büyük bir tencerede yüksek ateşte ısıtın.

2. Pırasa, havuç ve sarımsağı ekleyip yumuşayana kadar 5 ila 7 dakika soteleyin.

dakika

3. Et suyunu koyun ve kaynatın.

4. Kısık ateşte pişirin ve somonu, tuzu, karabiberi ve safranı ekleyin. Somon iyice pişene kadar yaklaşık 8 dakika pişirin.

5. Ispanağı, şarabı, taze soğanı ve maydanozu ekleyip ıspanaklar yumuşayana kadar 1-2 dakika pişirip servis yapın.

<u>Beslenme bilgileri:</u>Kalori 418 Toplam Yağ: 26 gr Toplam Karbonhidrat: 13 gr Şeker: 4 gr Lif: 2 gr Protein: 29 gr Sodyum: 1455 mg

Tayland tadında baharatlı ve ekşi mantar ve karides çorbası

Porsiyonlar: 6

Pişirme süresi: 38 dakika

İçindekiler:

3 yemek kaşığı tuzsuz tereyağı

1 kiloluk karides, soyulmuş ve ayrılmış

2 çay kaşığı kıyılmış sarımsak

1 inçlik soyulmuş zencefil kökü parçası

1 orta boy soğan, doğranmış

1 Tay kırmızı şili, doğranmış

1 sap limon

½ çay kaşığı taze limon kabuğu rendesi

5 su bardağı tavuk suyunu tatlandırmak için tuz ve taze çekilmiş karabiber

1 yemek kaşığı hindistancevizi yağı

½ pound cremini mantarı, dilimlenmiş

1 küçük yeşil kabak

2 yemek kaşığı taze limon suyu

2 yemek kaşığı balık sosu

¼ demet taze Tay fesleğeni, doğranmış

¼ demet taze doğranmış kişniş

Adresler:

1. Büyük bir tencereye alıp orta ateşe koyun, tereyağını ekleyin ve eriyince karidesleri, sarımsağı, zencefili, soğanı, kırmızı biberi, limonu ve limon kabuğu rendesini ekleyip tuz ve karabiberle tatlandırıp 3 dakika pişirin.

2. Et suyunu dökün, 30 dakika pişirin ve ardından süzün.

3. Geniş bir tavayı orta ateşe alın, yağı ekleyin ve ısınınca mantarları ve kabakları ekleyin, tuz ve karabiberle biraz daha tatlandırıp 3 dakika pişirin.

4. Karides karışımını tavaya ekleyin, 2 dakika pişirin, üzerine limon suyu ve balık sosu serpin ve 1 dakika pişirin.

5. Tadını çıkarıp baharatını ayarlayın, ardından tavayı ocaktan alın, kişniş ve fesleğenle süsleyip servis yapın.

<u>Beslenme bilgileri:</u>Kalori 223, Toplam Yağ 10,2g, Toplam Karbonhidrat 8,7g, Protein 23g, Şeker 3,6g, Sodyum 1128mg

Kurutulmuş domatesli orzo

1 pound derisiz, kemiksiz tavuk göğsü, 3/4 inç küpler halinde kesilmiş

1 yemek kaşığı + 1 çay kaşığı zeytinyağı

Tuz ve koyu toz biber

2 diş kıyılmış sarımsak

1/4 bardak (8 oz) kurutulmuş arpa ezmesi

2 3/4 bardak düşük sodyumlu tavuk suyu, bu noktada daha çeşitli (normal meyve suları kullanmayın, aşırı tuzlu olacaktır) 1/3 bardak bitkisel yağla doldurulmuş kurutulmuş domates parçaları (yaklaşık 12 parça. bol miktarda yağ), ince

1/2 - 3/4 su bardağı ince kıyılmış kaşar parmesan peyniri, tatmak için 1/3 su bardağı doğranmış gevrek fesleğen

Adresler:

1. 1 yemek kaşığı zeytinyağını sote tavasında orta-yüksek ateşte ısıtın.

2. Parıldamaya başlayınca tavuğu ekleyin, hafifçe tuz ve karabiberle tatlandırın ve parıldayana kadar yaklaşık 3 dakika pişirin, bu noktada ters yüzlerini çevirin ve parlak koyulaşana ve tamamen pişene kadar yaklaşık 3 dakika pişirin. Tavuğu bir tabağa alın, sıcak kalması için alüminyum folyoyla kaplayın.

3. Yemeğe 1 çay kaşığı zeytinyağı ekleyin; Bu noktada sarımsağı ekleyin ve 20 saniye veya hafif şeffaflaşana kadar soteleyin. Bu noktada tavanın dibinden pişmiş parçaları kazıyarak tavuk suyunu dökün.

4. Bu noktada et suyunu kaynatın, arpalı makarnayı ekleyin, ısıyı kapaklı orta boy bir tencereye koyun ve bu noktada 5 dakika boyunca hafifçe köpürtün, üzerini kapatın, karıştırın ve ork hala küçük olana kadar köpürtmeye devam edin. yavaş yavaş, yaklaşık 5 dakika daha (biraz kıyma).

5. Makarna tamamen pişince bu noktada tavuğu arpayla birlikte atın, ocaktan alın. Kaşar parmesan peynirini ekleyip eriyene kadar karıştırın, daha sonra güneşte kurutulmuş domatesleri, fesleğenleri ekleyin ve baharatları ekleyin.

biberli (tuz gerektirmemeli ama ihtiyacınız olduğunu düşünüyorsanız biraz ekleyin).

6. İstendiğinde inceltmek için daha fazla meyve suyu ekleyin (makarna dinlendikçe bol miktarda sıvı emecektir ve ben biraz fazla bol olduğu için hoşuma gitti, bu yüzden biraz daha ekledim). Sıcak servis yapın.

Mantar ve pancar çorbası porsiyonları

Porsiyonlar: 4

Pişirme süresi: 40 dakika

İçindekiler:

2 yemek kaşığı zeytinyağı

1 doğranmış sarı soğan

2 pancar, soyulmuş ve büyük küpler halinde kesilmiş

1 pound beyaz mantar, dilimlenmiş

2 diş kıyılmış sarımsak

1 yemek kaşığı domates salçası

5 su bardağı sebze suyu

1 yemek kaşığı kıyılmış maydanoz

Adresler:

1. Bir tencereyi orta ateşte yağla ısıtın, soğanı ve sarımsağı ekleyip 5 dakika kızartın.

2. Mantarları ekleyin, karıştırın ve 5 dakika daha soteleyin.

3. Pancarı ve diğer malzemeleri ekleyin, kaynama noktasına getirin ve ara sıra karıştırarak orta ateşte 30 dakika daha pişirin.

4. Çorbayı kaselere koyun ve servis yapın.

Beslenme bilgileri:kalori 300, yağ 5, lif 9, karbonhidrat 8, protein 7

Tavuk ve Parmesan Köfte için Malzemeler:

2 kilo öğütülmüş tavuk

3/4 bardak glutensiz panko galeta unu işe yarayacaktır 1/4 bardak ince doğranmış soğan

2 yemek kaşığı kıyılmış maydanoz

2 diş kıyılmış sarımsak

1 çay kaşığı kadar 1 küçük limon 2 yumurta ile kalkıp hazırlanın

3/4 su bardağı rendelenmiş Roma pecorino veya Parmesan peyniri 1 çay kaşığı sade tuz

1/2 çay kaşığı öğütülmüş karabiber

1 litre beş dakikalık marinara sosu

4-6 ons gevrek kesilmiş mozzarella

Adresler:

1. Izgarayı ızgaranın üst üçte birlik kısmına yerleştirerek ocağı 400 dereceye kadar önceden ısıtın. Büyük bir kapta marinara ve mozzarella peyniri dışındaki her şeyi birleştirin. Ellerinizi veya büyük bir kaşığı kullanarak yavaşça karıştırın. Çıkarıp küçük köfteler yapın ve alüminyum folyoyla kaplı bir ısıtma tabakasına yerleştirin. Köfteleri birbirine çok yakın olacak şekilde

tabağa yerleştirin. Her köftenin üzerine yarım kaşık kadar sos dökün. 15 dakika ısıtın.

2. Köfteleri ocaktan alın ve ızgaranın ısısını arttırarak pişirin. Her köftenin üzerine fazladan yarım yemek kaşığı sos dökün ve üzerini bir kare mozzarella peyniri ile kaplayın. (Hafif kesimleri yaklaşık 1 inç karelik parçalara ayırdım.) Çedar yumuşayıp parıldayana kadar 3 dakika daha kızartın. Ekstra sosla servis yapın. Tadını çıkarın!

Alla Parmigiana Köftesi için Malzemeler:

Köfte için

1,5 pound öğütülmüş hamburger (80/20)

2 yemek kaşığı kıyılmış kıyılmış maydanoz

3/4 su bardağı rendelenmiş parmesan kaşar peyniri

1/2 su bardağı badem unu

2 yumurta

1 tatlı kaşığı tuz şeklinde

1/4 çay kaşığı öğütülmüş karabiber

1/4 çay kaşığı sarımsak tozu

1 çay kaşığı kurutulmuş soğan damlası

1/4 çay kaşığı kurutulmuş kekik

1/2 bardak ılık su

Parmigiana için

1 bardak basit keto marinara sosu (veya yerel kaynaklı herhangi bir şekersiz marinara)

4 ons mozzarella çedar peyniri

Adresler:

1. Bütün köfteleri geniş bir kaseye koyun ve iyice karıştırın.

2. On beş adet 2" köfte haline getirin.

3. 350 derecede (F) 20 dakika pişirin VEYA büyük bir tavada orta ateşte tamamen pişene kadar soğutun. İpucu: Varsa pastırma yağında kızartmayı deneyin, başka bir lezzet katıyor. Fricasseeing, yukarıdaki fotoğraflarda görünen parlak koyu renkli gölgelemeyi üretir.

4. Parmigiana için:

5. Pişen köfteleri ocakta güvenli bir kaba koyun.

6. Her köftenin üzerine yaklaşık 1 yemek kaşığı sos dökün.

7. Her birine yaklaşık 1/4 oz çedar mozzarella peyniri sürün.

8. 350 derecede (F) 20 dakika (köfteler katılaşmışsa 40 dakika) veya iyice ısıtılıp kaşar peyniri parıldayana kadar pişirin.

9. Arzu ederseniz taze maydanozla süsleyin.

Altın Sebzeli Hindi Göğüs Ekmeği

Porsiyonlar: 4

Pişirme süresi: 45 dakika

İçindekiler:

2 yemek kaşığı tuzsuz tereyağı, oda sıcaklığında 1 orta boy meşe palamudu kabak, çekirdeği çıkarılmış ve ince dilimlenmiş 2 büyük altın pancar, soyulmuş ve ince dilimlenmiş ½ orta boy sarı soğan, ince dilimlenmiş

½ kemiksiz, derili hindi göğsü (1 ila 2 pound) 2 yemek kaşığı bal

1 çay kaşığı tuz

1 çay kaşığı zerdeçal

¼ çay kaşığı taze çekilmiş karabiber

1 su bardağı tavuk suyu veya sebze suyu

Adresler:

1. Fırını önceden 400°F'ye ısıtın. Fırın tepsisini tereyağıyla yağlayın.

2. Kabağı, pancarı ve soğanı fırın tepsisine tek kat halinde yerleştirin. Hindi derisini yukarı bakacak şekilde yerleştirin. Bal ile gezdirin.

Tuz, zerdeçal ve karabiberle tatlandırın ve suyu ekleyin.

3. Anında okunan termometreyle hindinin ortasında 165°F sıcaklık görünene kadar 35 ila 45 dakika kadar kızartın. Çıkarıp 5 dakika dinlenmeye bırakın.

4. Kesip servis yapın.

<u>Beslenme bilgileri:</u>Kalori 383 Toplam Yağ: 15 gr Toplam Karbonhidrat: 25 gr Şeker: 13 gr Lif: 3 gr Protein: 37 gr Sodyum: 748 mg

Yulaflı krep Porsiyon: 1

Pişirme süresi: 10 dakika

İçindekiler:

Yumurta - 1

Haddelenmiş yulaf, öğütülmüş - 0,5 su bardağı

Badem sütü - 2 yemek kaşığı

Kabartma tozu - 0,125 çay kaşığı

Kabartma tozu - 0,125 çay kaşığı

Vanilya özü - 1 çay kaşığı

Tarih ezmesi - 1 çay kaşığı

Adresler:

1. Krepleri hazırlarken ızgarayı veya yapışmaz tavayı orta ateşte ısıtın.

2. Yulaf ezmesini blenderınıza veya mutfak robotunuza yerleştirin ve ince un haline gelinceye kadar çalıştırın. Bunları bir kaseye ekleyin, kabartma tozu ve kabartma tozu ile çırpın.

3. Başka bir kapta yumurtayı badem sütü, hurma ezmesi ve vanilya özüyle birleşene kadar karıştırın. Şekerli yumurta/badem sütü karışımını yulaf ezmesi karışımına ekleyin ve birleşene kadar karıştırın.

4. Tavayı yağlayın ve her gözleme arasında biraz boşluk bırakarak gözleme hamurunu kaşıkla dökün. Kreplerinizin altın rengi kahverengi ve kabarcıklı hale gelinceye kadar yaklaşık iki ila üç dakika pişmesine izin verin.

Krepleri dikkatlice çevirin ve diğer tarafını da altın kahverengi olana kadar birkaç dakika pişirin.

5. Krepleri ocaktan alın ve dilediğiniz meyve, yoğurt, komposto veya Lakanto keşiş meyvesi aromalı akçaağaç şurubu ile servis yapın.

Yulaf ve akçaağaç porsiyonları Porsiyon: 4

Pişirme süresi: 20 dakika

İçindekiler:

Akçaağaç aroması, bir çay kaşığı

Tarçın, bir çay kaşığı

Ayçiçeği çekirdeği, üç yemek kaşığı

Cevizler, 1/2 su bardağı doğranmış

Hindistan cevizi gevreği, şekersiz, bir su bardağı ceviz, yarım su bardağı kıyılmış

Süt, badem veya hindistan cevizi, yarım bardak

Chia tohumu, dört yemek kaşığı

Adresler:

1. Ay çekirdeği, ceviz ve cevizleri mutfak robotunda ufalanana kadar çekin. Veya cevizleri dayanıklı bir plastik torbaya koyabilir, torbayı bir havluya sarabilir, sağlam bir yüzeye yerleştirebilir ve cevizler ufalanana kadar havluya çekiçle vurabilirsiniz. Ezilmiş cevizleri diğer malzemelerle karıştırıp geniş bir tencereye dökün.

Bu karışımı otuz dakika kısık ateşte pişirin. Karışımın dibe yapışmaması için sık sık karıştırın. Arzuya göre taze meyvelerle veya bir tutam tarçınla süsleyerek servis yapın.

<u>Beslenme bilgileri:</u>Kalori 374 karbonhidrat 3,2 gram protein 9,25 gram yağ 34,59 gram

Kivi ve çilekli milkshake Porsiyon: 1

Pişirme süresi: 0 dakika

İçindekiler:

Kivi, soyulmuş ve doğranmış, bir

Çilek, taze veya dondurulmuş, ½ bardak kıyılmış badem veya hindistancevizi sütü, 1 bardak

Fesleğen, öğütülmüş, bir çay kaşığı

Zerdeçal, bir çay kaşığı

Muz, buz küpleri halinde kesilmiş, bir

Chia tohumu tozu, bir bardak

Adresler:

1. Tüm malzemeler iyice karıştırıldıktan hemen sonra içilir.

Beslenme bilgileri:Kalori 250 şeker 9,9 gram yağ 1 gram gram 34

karbonhidrat lifi 4,3 gram

Tarçınlı keten tohumlu yulaf lapası Porsiyon: 4

Pişirme süresi: 5 dakika

İçindekiler:

1 çay kaşığı tarçın

1½ çay kaşığı stevia

1 yemek kaşığı tuzsuz tereyağı

2 yemek kaşığı keten tohumu unu

2 yemek kaşığı keten tohumu ile yulaf

½ su bardağı kıyılmış hindistan cevizi

1 bardak ağır krema

2 bardak su

Adresler:

1. Orta boy bir tencereye alın, kısık ateşte ısıtın, tüm malzemeleri ekleyin, birleşene kadar karıştırın ve karışımı kaynatın.

2. Karışım kaynayınca tencereyi ocaktan alın, iyice karıştırın ve dört kaseye eşit olarak paylaştırın.

3. Yulaf lapasını biraz koyulaşana kadar 10 dakika dinlendirin ve ardından servis yapın.

<u>Beslenme bilgileri:</u>Kalori 171, toplam yağ 16g, toplam karbonhidrat 6g, protein 2g

Tatlı patates ve yaban mersinli kahvaltı barları

Porsiyon: 8

Pişirme süresi: 40 dakika

İçindekiler:

1 ½ su bardağı tatlı patates püresi

2 yemek kaşığı eritilmiş hindistancevizi yağı

2 yemek kaşığı akçaağaç şurubu

2 yumurta, merada yetiştirilmiş

1 su bardağı badem unu

1/3 su bardağı hindistan cevizi unu

1 ½ çay kaşığı karbonat

1 su bardağı taze kırmızı kızılcık, çekirdekleri çıkarılmış ve doğranmış

¼ bardak su

Adresler:

1. Fırını 3500F'ye önceden ısıtın.

2. 9 inçlik bir fırın tepsisini hindistancevizi yağıyla yağlayın. Bir kenara bırak.

3. Bir karıştırma kabında. Tatlı patates püresini, suyu, hindistancevizi yağını, akçaağaç şurubunu ve yumurtaları birleştirin.

4. Başka bir kapta badem ununu, hindistancevizi ununu ve kabartma tozunu birlikte eleyin.

5. Kuru malzemeleri yavaş yavaş ıslak malzemelere ekleyin. Tüm malzemeleri katlamak ve karıştırmak için bir spatula kullanın.

6. Hazırlanan pişirme kabına dökün ve üzerine yaban mersinlerini bastırın.

7. Fırına verin ve 40 dakika veya ortasına batırdığınız kürdan temiz çıkana kadar pişirin.

8. Tavadan çıkarmadan önce dinlenmeye veya soğumaya bırakın.

<u>Beslenme bilgileri:</u>Kalori 98 Toplam yağ 6g Doymuş yağ 1g Toplam karbonhidrat 9g Net karbonhidrat 8,5g Protein 3g Şeker: 7g Lif: 0,5g Sodyum: 113

mg Potasyum 274 mg

Kabaklı Baharatlı Fırında Yulaf Porsiyon: 6

Pişirme süresi: 35 dakika

İçindekiler:

Haddelenmiş yulaf - 1,5 su bardağı

Badem sütü, şekersiz - 0,75 su bardağı

Yumurta - 1

Lakanto Monk Meyve Tatlandırıcı - 0,5 bardak

Kabak püresi - 1 su bardağı

Vanilya özü - 1 çay kaşığı

Kıyılmış ceviz – 0,75 su bardağı

Kabartma tozu - 1 çay kaşığı

Deniz tuzu - 0,5 çay kaşığı

Balkabağı turtası için baharatlar - 1,5 çay kaşığı

Adresler:

1. Fırınınızı önceden 350 Fahrenheit dereceye ısıtın ve sekize sekizlik bir pişirme kabını yağlayın.

2. Bir kapta yulaf ezmesini, badem sütünü, yumurtaları ve kalan malzemeleri yulaf ezmesi tamamen birleşene kadar karıştırın. Balkabağı baharatlı yulaf karışımını yağlanmış tavaya dökün ve fırının ortasına yerleştirin.

3. Yulafları altın rengi kahverengi olana kadar pişirin ve yirmi beş ile otuz dakika arasında bekletin. Kabak Baharatlı Fırında Yulaf'ı fırından çıkarın ve servis yapmadan önce beş dakika soğumaya bırakın. Tek başına veya en sevdiğiniz meyve ve yoğurtla birlikte sıcak tadını çıkarın.

Ispanaklı ve domatesli yumurta çırpma

Porsiyon: 1

İçindekiler:

1 çay kaşığı zeytinyağı

1 çay kaşığı doğranmış taze fesleğen

1 orta boy doğranmış domates

¼ c. isviçre peyniri

2 yumurta

½ çay kaşığı acı biber

½ su bardağı doğranmış paketlenmiş ıspanak

Adresler:

1. Küçük bir kapta yumurtaları, fesleğeni, biberi ve İsviçre peynirini birlikte çırpın.

2. Orta boy bir kızartma tavasını orta ateşte yerleştirin ve yağı ısıtın.

3. Domatesi ekleyin ve 3 dakika soteleyin. Ispanağı ekleyin ve 2 dakika veya solmaya başlayana kadar pişirin.

4. Çırpılmış yumurtaları dökün ve 2 ila 3 dakika veya katılaşana kadar karıştırın.

5. Keyfini çıkarın.

<u>Beslenme bilgileri:</u>Kalori: 230, Yağ: 14,3 g, Karbonhidrat: 8,4 g, Protein: 17,9

Tropikal havuç, zencefil ve zerdeçallı smoothie

Porsiyon: 1

Pişirme süresi: 0 dakika

İçindekiler:

1 kan portakalı, soyulmuş ve çekirdeği çıkarılmış

1 büyük havuç, soyulmuş ve doğranmış

½ bardak dondurulmuş mango parçaları

2/3 su bardağı hindistan cevizi suyu

1 yemek kaşığı çiğ kenevir tohumu

¾ çay kaşığı rendelenmiş zencefil

1 ½ çay kaşığı soyulmuş ve rendelenmiş zerdeçal

Bir tutam acı biber

Bir tutam tuz

Adresler:

1. Tüm malzemeleri blendera koyun ve pürüzsüz hale gelinceye kadar karıştırın.

2. Servis yapmadan önce soğutun.

<u>Beslenme bilgileri:</u>Kalori 259 Toplam Yağ 6g Doymuş Yağ 0,9g Toplam Karbonhidrat 51g Net Karbonhidrat 40g Protein 7g Şeker: 34g Lif: 11g Sodyum: 225mg Potasyum 1319mg

Vanilyalı Tarçınlı Fransız Tostu

Porsiyonlar: 4

İçindekiler:

½ çay kaşığı tarçın

3 büyük yumurta

1 çay kaşığı vanilya

8 dilim kepekli ekmek

2 yemek kaşığı az yağlı süt

Adresler:

1. Öncelikle ızgarayı 3500F'a ısıtın.

2. Vanilya, yumurta, süt ve tarçını küçük bir kasede birleştirin ve pürüzsüz hale gelinceye kadar çırpın.

3. Düz tabanlı bir tabağa veya tabağa dökün.

4. Ekmeği yumurta karışımına batırın, her iki tarafını da kaplayacak şekilde çevirin ve sıcak ızgaraya yerleştirin.

5. Yaklaşık 2 dakika veya alt kısmı hafifçe kızarana kadar pişirin, ardından çevirin ve diğer tarafını da pişirin.

Beslenme bilgileri:Kalori: 281,0, Yağ: 10,8 g, Karbonhidrat: 37,2 g, Protein: 14,5 g, Şeker: 10 g, Sodyum: 390 mg.

Kahvaltı Avokado teknesi Porsiyon: 2

Pişirme süresi: 7 dakika

İçindekiler:

2 avokado, yarıya bölünmüş ve çekirdeği çıkarılmış

¼ doğranmış soğan

2 adet doğranmış domates

1 adet doğranmış dolmalık biber

2 yemek kaşığı kıyılmış kişniş

zevkinize biber

4 yumurta

Adresler:

1. Avokadonun posasını çıkarın ve doğrayın.

2. Bir kaseye yerleştirin.

3. Hariç kalan diğer malzemeleri ekleyin.

4. 30 dakika boyunca tazelenme.

5. Yumurtayı avokado kabuğunun üzerine kırın.

6. Fritözü 350 derece F'ye önceden ısıtın.

7. 7 dakika boyunca havada kızartın.

8. Avokado sosuyla kaplayın.

Kefir ve çilekli çelik kesilmiş yulaf

Porsiyonlar: 4

Pişirme süresi: 30 dakika

İçindekiler:

Yulaf için:

1 su bardağı çelik kesilmiş yulaf

3 bardak su

biraz tuz

İsteğe bağlı olarak:

taze veya dondurulmuş meyveler/meyveler

bir avuç dilimlenmiş badem, kenevir tohumu, tohum veya diğer kuruyemiş/tohumlar

şekersiz kefir, ev yapımı / mağazadan satın alınan

bir tutam akçaağaç şurubu, bir tutam hindistancevizi şekeri, birkaç damla stevia veya istediğiniz başka bir tatlandırıcıAdresler:

1. Yulafları orta-yüksek ateşte küçük bir tencereye ekleyin/yerleştirin. Sık sık çevirerek veya karıştırarak 2-3 dakika kızartın.

2. Suyu ekleyin ve kaynatın. Isıyı bir tencereye düşürün ve yaklaşık 25 dakika veya yulaflar istediğiniz kadar yumuşak oluncaya kadar pişmesine izin verin. Tatlandırmak için meyveler, kuruyemişler/tohumlar, bir parça kefir ve seçtiğiniz herhangi bir tatlandırıcıyla servis yapın. Kazın!

<u>Beslenme bilgileri:</u>Kalori 150 Karbonhidrat: 27 g Yağ: 3 g Protein: 4 g

Peynirli Pesto ve Fesleğenli Muhteşem Spagetti Kabak

Porsiyonlar: 2

Pişirme süresi: 35 dakika

İçindekiler:

1 su bardağı pişmiş spagetti kabak, süzülmüş

Tuz ve taze çekilmiş karabiber, tatlandırmak için ½ yemek kaşığı zeytinyağı

¼ bardak ricotta peyniri, şekersiz

2 ons taze mozzarella peyniri, doğranmış

1/8 bardak fesleğen pesto

Adresler:

1. Fırını açın, ardından sıcaklığını 375°F'a ayarlayın ve ön ısıtmaya bırakın.

2. Bu arada orta boy bir kase alın, spagetti kabağını ekleyin ve ardından tuz ve karabiberle tatlandırın.

3. Bir güveç alın, yağla yağlayın, kabak karışımını ekleyin, ricotta peyniri ve mozzarella peyniri ile kaplayın ve 10 dakika pişirin.

pişene kadar dakika.

4. Hazır olduğunuzda tavayı fırından çıkarın, üzerine pesto serpin ve hemen servis yapın.

<u>Beslenme bilgileri:</u>Kalori 169, Toplam Yağ 11,3g, Toplam Karbonhidrat 6,2g, Protein 11,9g, Şeker 0,1g, Sodyum 217mg

Zengin portakal ve şeftalili milkshake Porsiyon: 2

İçindekiler:

2 c. doğranmış şeftali

2 yemek kaşığı şekersiz yoğurt

2 portakalın suyu

Adresler:

1. Çekirdeklerini çıkararak ve şeftalileri soyarak başlayın. Birkaç parça şeftaliyi doğrayın ve üzerini örtecek şekilde bırakın.

2. Doğranmış şeftaliyi, portakal suyunu ve yoğurdu blendera koyun ve pürüzsüz hale gelinceye kadar karıştırın.

3. İsterseniz smoothieyi sulandırmak için biraz su ekleyebilirsiniz.

4. Bardaklara dökün ve keyfini çıkarın!

Beslenme bilgileri:Kalori: 170, Yağ: 4,5 gr, Karbonhidrat: 28 gr, Protein: 7 gr, Şeker: 23 gr, Sodyum: 101 mg

Muzlu ve Badem Ezmeli Muffin Porsiyon: 6

Pişirme süresi: 30 dakika

İçindekiler:

Yulaf ezmesi - 1 su bardağı

Deniz tuzu - 0,25 çay kaşığı

Tarçın, öğütülmüş - 0,5 çay kaşığı

Kabartma tozu - 1 çay kaşığı

Badem ezmesi - 0,75 su bardağı

Ezilmiş muz – 1 su bardağı

Şekersiz badem sütü - 0,5 kaşık

Vanilya özü - 2 çay kaşığı

Yumurtalar - 2

Lakanto Monk Meyve Tatlandırıcı - 0,25 bardak

Adresler:

1. Fırını önceden 350 Fahrenheit dereceye ısıtın ve isterseniz muffin kalıbını parşömen kağıdıyla veya gresle kaplayın.

2. Bir karıştırma kabında ezilmiş muz püresini badem yağı, şekersiz badem sütü, yumurta, vanilya özü ve keşiş meyvesi tatlandırıcısıyla karıştırın. Ayrı bir karıştırma kabında yulaf ezmesini, baharatları ve kabartma tozunu birleştirin. Un karışımı tamamen birleştiğinde, muz püresini içeren kaseye dökün ve badem yağı/muz karışımı ile yulaf ezmesi karışımlarını birleşene kadar karıştırın.

3. Muffin hamurunu on iki kağıt astarına bölün ve her bir muffin boşluğunu yaklaşık dörtte üçüyle doldurun. · Muzlu, bademli, tereyağlı muffin kalıbını sıcak fırınınızın ortasına yerleştirin ve iyice pişene kadar pişmesini bekleyin. Merkeze bir kürdan yerleştirilip temiz bir şekilde çıkarıldıktan sonra yapılırlar.

Bu yirmi ila yirmi beş dakika sürecektir.

4. Muzlu Badem Ezmeli Muffinleri servis etmeden önce soğumaya bırakın ve ardından keyfini çıkarın.

Kahvaltıda yulaf porsiyonları Porsiyonlar: 1

Pişirme süresi: 0 dakika;

İçindekiler:

6 yemek kaşığı organik süzme peynir

3 yemek kaşığı keten tohumu

3 yemek kaşığı keten tohumu yağı

2 yemek kaşığı organik çiğ badem ezmesi

1 yemek kaşığı organik hindistan cevizi eti

1 yemek kaşığı çiğ bal

¼ bardak su

Adresler:

1. Tüm malzemeleri bir kasede birleştirin. İyice birleşene kadar karıştırın.

2. Servis etmeden önce bir kaseye koyun ve soğutun.

Beslenme bilgileri:Kalori 632 Toplam Yağ 49 g Doymuş Yağ 5 g Toplam Karbonhidrat 32 g Net Karbonhidrat 26 g Protein 23 g Şeker: 22 g Lif: 6 g Sodyum: 265 mg Potasyum 533 mg

Gece yulaflı muz ekmeği Porsiyon: 3

Pişirme süresi: 0 dakika

İçindekiler:

¼ bardak sade Yunan yoğurdu

¼ çay kaşığı pul pul deniz tuzu

1½ su bardağı yağsız süt

1 bardak eski usul yulaf ezmesi

1 yemek kaşığı chia tohumu

2 adet orta boy muz, çok olgun ve ezilmiş

2 yemek kaşığı hindistan cevizi yaprağı, şekersiz ve kavrulmuş 2 yemek kaşığı bal

2 çay kaşığı vanilya özü

Servis edilecek malzemeler: kızarmış ceviz, nar taneleri, bal, incir yarımları ve muz dilimleri

Adresler:

1. Soslar hariç tüm malzemeleri bir karıştırma kabına ekleyin. İyice birleşene kadar iyice karıştırın. Karışımı iki servis kasesine eşit şekilde paylaştırın.

2. Örtün ve gece boyunca veya 6 saat boyunca buzdolabında saklayın.

3. Servis yapmak için malzemeleri çevirin ve düzenleyin.

<u>Beslenme bilgileri:</u>Kalori 684 Yağ: 22,8 g Protein: 34,2 g Sodyum: 374 mg
Toplam karbonhidrat: 99,6 g Diyet lifi: 14,1 g

Muzlu Choco Chia Kase Porsiyon: 3

Pişirme süresi: 0 dakika

İçindekiler:

½ su bardağı chia tohumu

1 büyük muz, çok olgun

½ çay kaşığı saf vanilya özü

2 su bardağı şekersiz badem sütü

1 yemek kaşığı kakao tozu

2 yemek kaşığı ham bal veya akçaağaç şurubu

Karıştırmak için 2 yemek kaşığı kakao çekirdeği

Karıştırmak için 2 yemek kaşığı çikolata parçacıkları

Karıştırmak için dilimlenmiş 1 büyük muz

Adresler:

1. Chia tohumlarını ve muzu bir karıştırma kabında birleştirin. Bir çatal kullanarak muzu ezin ve iyice birleşene kadar iyice karıştırın. Vanilya ve badem sütünü dökün. Artık topaklar görünmeyene kadar çırpın.

2. Karışımın yarısını cam bir kaba dökün ve üzerini kapatın. Kasedeki karışımın kalan yarısına kakao ve şurubu ekleyin. Tamamen birleşene kadar iyice karıştırın. Bu karışımı başka bir cam kaba boşaltıp kapağını kapatın. En az 4 saat soğumaya bırakın.

3. Servis yapmak için, soğutulmuş chia pudinglerini üç servis kasesine eşit şekilde katlayın. Karıştırılacak malzemelerle katmanları değiştirin.

<u>Beslenme bilgileri:</u>Kalori 293 Yağ: 9,7 g Protein: 14,6 g Sodyum: 35 mg Toplam karbonhidrat: 43,1 g

Kiraz ve ıspanaklı iltihap önleyici smoothie

Porsiyon: 1

Pişirme süresi: 0 dakika

İçindekiler:

1 su bardağı doğal kefir

1 bardak dondurulmuş kiraz, çekirdekleri çıkarılmış

½ bardak yumuşak ıspanak yaprağı

¼ bardak olgun avokado püresi

1 yemek kaşığı badem ezmesi

1 adet soyulmuş zencefil (1/2 inç)

1 çay kaşığı chia tohumu

Adresler:

1. Tüm malzemeleri blendera koyun.

2. Pürüzsüz olana kadar basın.

3. Servis yapmadan önce buzdolabında soğumaya bırakın.

<u>Beslenme bilgileri:</u>Kalori 410 Toplam Yağ 20 g Doymuş Yağ 4 g Toplam Karbonhidrat 47 g Net Karbonhidrat 37 g Protein 17 g Şeker: 33 g Lif: 10 g Sodyum: 169 mg Potasyum 1163 mg

Baharatlı Shakshuka Porsiyonu Porsiyon: 4

Pişirme süresi: 37 dakika

İçindekiler:

2 yemek kaşığı sızma zeytinyağı

1 kuru soğan, doğranmış

1 jalapeno, çekirdekleri çıkarılmış ve doğranmış

2 diş kıyılmış sarımsak

1 kilo ıspanak

Tuz ve taze çekilmiş karabiber

¾ çay kaşığı kişniş

1 çay kaşığı kuru kimyon

2 yemek kaşığı harissa ezmesi

½ bardak sebze suyu

8 büyük yumurta

Servis için kırmızı biber gevreği

Servis için kıyılmış kişniş

Servis için kıyılmış maydanoz

Adresler:

1. Fırını 350°F'ye önceden ısıtın.

2. Yağı bir tavada orta ateşte ısıtın. Soğanı ekleyip 5 dakika kavurun.

3. Jalapeno ve sarımsağı ekleyin ve bir dakika veya kokusu çıkana kadar soteleyin. Ispanağı ekleyin ve 5 dakika veya yapraklar tamamen solana kadar pişirin.

4. Karışımı tuz ve karabiber, kişniş, kimyon ve harissa ile tatlandırın. 1 dakika daha pişirin.

5. Karışımı mutfak robotunuza aktarın; kalın bir kıvama gelinceye kadar püre haline getirin. Et suyunu dökün ve pürüzsüz bir doku elde edene kadar daha fazla püre haline getirin.

6. Aynı tavayı yapışmaz pişirme yağıyla temizleyip yağlayın.

Püre karışımını üzerine dökün. Tahta kaşıkla sekiz adet dairesel çukur açın.

7. Her yumurtayı yavaşça çukurlara kırın. Tavayı fırına koyun.

25 dakika pişirin veya yumurtaları tamamen pişene kadar ısıtın.

8. Servis yapmak için shakshuka'ya kırmızı biber yaprakları, kişniş ve maydanoz serpin.

<u>Beslenme bilgileri:</u>Kalori 251 Yağ: 8,3 g Protein: 12,5 g Sodyum: 165 mg

Toplam karbonhidrat: 33,6 g

5 dakikalık altın süt porsiyonları Porsiyonlar: 1

Pişirme süresi: 4 dakika

İçindekiler:

1 1/2 bardak hafif hindistan cevizi sütü

1 1/2 bardak şekersiz badem sütü

1 1/2 çay kaşığı öğütülmüş zerdeçal

1/4 çay kaşığı öğütülmüş zencefil

1 bütün tarçın çubuğu

1 yemek kaşığı hindistancevizi yağı

1 tutam öğütülmüş karabiber

Tercih edilen tatlandırıcı (yani hindistancevizi şekeri, akçaağaç şurubu veya tatlandırmak için stevia)

Adresler:

1. Küçük bir tencereye hindistan cevizi sütü, öğütülmüş zerdeçal, badem sütü, öğütülmüş zencefil, tarçın çubuğu, hindistan cevizi yağı, karabiber ve tercih ettiğiniz tatlandırıcıyı ekleyin.

2. Orta ateşte birleştirmek için çırpın ve iyice ısıtın. Düzenli olarak çırparak, sıcak olana ancak kaynamayana kadar (yaklaşık 4 dakika) ısıtın.

3. Tadı değiştirmek için ısıyı ve tadı kapatın. Güçlü baharatlar için +

tatlandırın, damak tadınıza göre daha fazla tatlandırıcı veya daha fazla zerdeçal veya zencefil ekleyin.

4. Hemen servis yapın, iki bardağın arasına bölün ve tarçın çubuğunu bırakın. Taze olması en iyisidir, ancak kalanlar buzdolabında 2-3 gün saklanabilir. Ocakta veya mikrodalgada sıcaklığa kadar tekrar ısıtın.

<u>Beslenme bilgileri:</u>Kalori 205 Yağ: 19,5 g Sodyum: 161 mg Karbonhidrat: 8,9 g Lif: 1,1 g Protein: 3,2 g

Kahvaltılık Yulaf Porsiyonu: 1

Pişirme süresi: 8 dakika

İçindekiler:

2/3 su bardağı hindistan cevizi sütü

1 yumurta akı, mera

½ bardak glutensiz çabuk pişen yulaf

½ çay kaşığı zerdeçal tozu

½ çay kaşığı tarçın

¼ çay kaşığı zencefil

Adresler:

1. Süt içermeyen sütü bir tencereye koyun ve orta ateşte ısıtın.

2. Yumurta beyazını ekleyin ve karışım pürüzsüz hale gelinceye kadar çırpmaya devam edin.

3. Geri kalan malzemeleri ekleyin ve 3 dakika daha pişirin.

<u>Beslenme bilgileri:</u>Kalori 395 Toplam Yağ 34 g Doymuş Yağ 7 g Toplam Karbonhidrat 19 g Net Karbonhidrat 16 g Protein 10 g Şeker: 2 g Lif: 3 g Sodyum: 76 mg Potasyum 459 mg

Fırında Zerdeçallı Proteinli Donut Porsiyon: 8

Pişirme süresi: 0 dakika

İçindekiler:

1 ½ bardak çiğ kaju fıstığı

½ bardak medjool hurması, çekirdekleri çıkarılmış

1 kaşık vanilya protein tozu

½ su bardağı kıyılmış hindistan cevizi

2 yemek kaşığı akçaağaç şurubu

¼ çay kaşığı vanilya özü

1 çay kaşığı zerdeçal tozu

¼ fincan bitter çikolata

Adresler:

1. Çikolata dışındaki tüm malzemeleri mutfak robotunda birleştirin.

2. Pürüzsüz olana kadar basın.

3. Hamuru 8 top haline getirin ve silikon çörek kalıbına bastırın.

4. Donması için 30 dakika boyunca dondurucuya koyun.

5. Bu arada çikolatayı benmari usulü eriterek çikolata kaplamasını yapın.

6. Donutlar sertleştiğinde donutları kalıptan çıkarın ve üzerine çikolata serpin.

<u>Beslenme bilgileri:</u>Kalori 320 Toplam Yağ 26 g Doymuş Yağ 5 g Toplam Karbonhidrat 20 g Net Karbonhidrat 18 g Protein 7 g Şeker: 9 g Lif: 2 g Sodyum: 163

mg Potasyum 297 mg

Kaşar peynirli ve karalahanalı frittata Porsiyon: 6

İçindekiler:

1/3 c. dilimlenmiş taze soğan

¼ çay kaşığı biber

1 kırmızı biber buz küpleri halinde kesilmiş

¾ c. yağsız süt

1 c. az yağlı, keskin, rendelenmiş kaşar peyniri

1 çay kaşığı zeytinyağı

5 ons lahana ve ıspanak

12 yumurta

Adresler:

1. Fırını 375°F'ye önceden ısıtın.

2. Cam bir tavayı zeytinyağıyla yağlayın.

3. Bir kapta peynir dışındaki tüm malzemeleri çırpın.

4. Yumurta karışımını hazırlanan tabağa dökün ve 35 dakika pişirin.

5. Fırından çıkarıp üzerine peynir serpin ve 5 dakika kızartın.

dakika

6. Fırından çıkarın ve 10 dakika dinlendirin.

7. Kesin ve keyfini çıkarın.

<u>Beslenme bilgileri:</u>Kalori: 198, Yağ: 11,0 g, Karbonhidrat: 5,7 g, Protein: 18,7 g

g, Şekerler: 1 g, Sodyum: 209 mg.

Akdeniz Frittatasının Bölümleri

Porsiyonlar: 6

Pişirme süresi: 20 dakika

İçindekiler:

Yumurta, altı

Beyaz peynir, ufalanmış, çeyrek bardak

Karabiber, bir çay kaşığı haznesi

Yağ, sprey veya zeytin

Kekik, bir çay kaşığı

Süt, badem veya hindistan cevizi, bir fincan haznesi

Deniz tuzu, bir çay kaşığı

Siyah zeytin, doğranmış, bir fincan hazneli

Yeşil zeytin, doğranmış, bir bardak hazne

Domates, buz küpleri halinde kesilmiş, bir fincan haznesi

Adresler:

1. Fırını 400'e önceden ısıtın. Sekiz x sekiz inçlik bir fırın tepsisini yağlayın.

Sütü yumurtalarla birleştirin ve ardından diğer malzemeleri ekleyin. Tüm bu karışımı pişirme kabına dökün ve yirmi dakika pişirin.

<u>Beslenme bilgileri:</u>Kalori 107 şeker 2 gram yağ 7 gram karbonhidrat 3

gram protein 7 gram

Forca, tarçın ve zencefil porsiyonu granola.

Porsiyonlar: 5

Pişirme süresi: 40 dakika

İçindekiler:

¼ bardak chia tohumu

½ bardak hindistan cevizi gevreği

1 ½ su bardağı karışık çiğ ceviz

2 su bardağı glutensiz yulaf

1 su bardağı karabuğday taneleri

2 yemek kaşığı fındık ezmesi

4 yemek kaşığı hindistancevizi yağı

1 su bardağı ayçiçeği çekirdeği

½ su bardağı kabak çekirdeği

1 ½ - 2 inçlik zencefil parçası

1 çay kaşığı öğütülmüş tarçın

1/3 su bardağı pirinç maltı şurubu

4 yemek kaşığı ham kakao tozu - İsteğe bağlı

Adresler:

1. Fırını önceden 180C'ye ısıtın.

2. Cevizleri mutfak robotunuzda işleyin ve hızla büyük parçalara bölün. Kıyılmış cevizleri bir kaseye koyun ve iyice birleşen diğer tüm kuru malzemeleri ekleyin: yulaf, hindistancevizi, tarçın, karabuğday, tohumlar ve tuzu bir tencerede kısık ateşte, hindistancevizi yağını yavaşça eritin.

3. Kakao tozunu (eğer kullanılıyorsa) ıslak karışıma ekleyin ve karıştırın. Islak hamuru kuru karışımın üzerine dökün, ardından her şeyin kaplandığından emin olmak için iyice karıştırın. Karışımı yağlı kağıt serilmiş veya hindistancevizi yağıyla yağlanmış büyük bir fırın tepsisine aktarın. Karışımı 35-40 dakika boyunca yarıya kadar çevirerek eşit şekilde yaydığınızdan emin olun. Granola gevrek ve altın rengi olana kadar pişirin!

4. En sevdiğiniz fındık sütü, bir parça Hindistan cevizi yoğurdu, taze meyve ve süper yiyeceklerle servis yapın: Goji meyveleri, keten tohumu, arı poleni, ne olursa olsun! Her gün karıştırın.

<u>Beslenme bilgileri:</u>Kalori 220 Karbonhidrat: 38 gr Yağ: 5 gr Protein: 7 gr

Kişnişli krep

Porsiyonlar: 6

Pişirme süresi: 6-8 dakika

İçindekiler:

½ bardak tapyoka unu

½ su bardağı badem unu

½ çay kaşığı şili tozu

¼ çay kaşığı öğütülmüş zerdeçal

Tatlandırmak için tuz ve taze çekilmiş karabiber 1 bardak - Tam hindistan cevizi sütü

½ doğranmış mor soğan

1 parça (½ inç) taze zencefil, ince rendelenmiş 1 serrà şili, doğranmış

½ bardak taze kişniş, doğranmış

Gerektiği kadar yağ

Adresler:

1. Büyük bir kapta unları ve baharatları karıştırın.

2. Hindistan cevizi sütünü ekleyin ve iyice birleşene kadar karıştırın.

3. Soğanı, zencefili, serrano biberini ve kişnişi ekleyin.

4. Büyükçe bir yapışmaz kızartma tavasını yağla hafifçe yağlayın ve orta-düşük ateşte ısıtın.

5. Karışımın yaklaşık ¼ fincanını ekleyin ve tavanın içine eşit şekilde yayılması için tavayı eğin.

6. Her iki tarafını da yaklaşık 3-4 dakika pişirin.

7. Kalan tüm karışımla aynı işlemi tekrarlayın.

8. Dilediğiniz garnitürle birlikte servis yapın.

<u>Beslenme bilgileri:</u>Kalori: 331, Yağ: 10 gr, Karbonhidrat: 37 gr, Lif: 6 gr, Protein: 28 gr

Ahududu ve greyfurtlu smoothie

Porsiyonlar: 1

Pişirme süresi: 0 dakika

İçindekiler:

1 adet taze sıkılmış greyfurt suyu

1 muz, soyulmuş ve dilimlenmiş

1 bardak ahududu

Adresler:

1. Tüm malzemeleri blendera koyun ve pürüzsüz hale gelinceye kadar karıştırın.

2. Servis yapmadan önce soğutun.

Beslenme bilgileri:Kalori 381 Toplam yağ 0,8 g Doymuş yağ 0,1 g Toplam karbonhidrat 96 g Net karbonhidrat 85 g Protein 4 g Şeker: 61 g Lif: 11 g Sodyum: 11 mg Potasyum 848 mg

Fıstık Ezmesi Granola

Porsiyonlar: 8

Pişirme süresi: 25 dakika

İçindekiler:

Haddelenmiş yulaf - 2 su bardağı

Tarçın - 0,5 çay kaşığı

Tuzlu doğal fıstık ezmesi - 0,5 su bardağı

Hurma ezmesi - 1,5 yemek kaşığı

Lily'nin bitter çikolata parçacıkları - 0,5 su bardağı

Adresler:

1. Fırını önceden 300 Fahrenheit dereceye ısıtın ve fırın tepsisini parşömen kağıdı veya silikon fırın tepsisiyle kaplayın.

2. Bir kasede hurma ezmesini, tarçını ve fıstık ezmesini karıştırıp birleştirin, ardından yulafı ekleyin ve yulaflar tamamen kaplanana kadar karıştırın. Bu şekerli ve terbiyeli karışımı fırın tepsisine ince bir tabaka halinde eşit şekilde yayın.

3. Fıstık ezmeli granolayı fırına yerleştirin ve eşit olmayan pişme ve yanmayı önlemek için pişirme süresinin yarısında iyice karıştırarak yirmi dakika pişirin.

4. Granolayı fırından çıkarın ve çikolata parçacıklarını eklemeden önce oda sıcaklığına soğumasını bekleyin. Fıstık ezmeli granolayı kullanıma hazır olana kadar saklamak için hava geçirmez bir kaba aktarın.

Zerdeçallı Fırında Çırpılmış Yumurta Porsiyon: 6

Pişirme süresi: 15 dakika

İçindekiler:

8 ila 10 büyük, merada yetiştirilen yumurta

½ bardak şekersiz hindistan cevizi veya badem sütü

½ çay kaşığı zerdeçal tozu

1 çay kaşığı kıyılmış kişniş

¼ çay kaşığı karabiber

Bir tutam tuz

Adresler:

1. Fırını 3500F'ye önceden ısıtın.

2. Tavayı veya ısıya dayanıklı bir fırın tepsisini yağlayın.

3. Bir kasede yumurtayı, sütü, zerdeçal tozunu, karabiberi ve tuzu çırpın.

4. Yumurta karışımını fırın tepsisine dökün.

5. Fırına koyun ve 15 dakika veya yumurtalar sertleşene kadar pişirin.

6. Fırından çıkarın ve üzerine kıyılmış kişniş serpin.

<u>Beslenme bilgileri:</u>Kalori 203 Toplam Yağ 16 g Doymuş Yağ 4 g Toplam Karbonhidrat 5 g Net Karbonhidrat 4 g Protein 10 g Şeker: 4 g Lif: 1 g Sodyum: 303

mg Potasyum 321 mg

Chia ve yulaflı kahvaltı kepeği porsiyonları.

Porsiyonlar: 2

İçindekiler:

85 gr kıyılmış kavrulmuş badem

340 gr hindistan cevizi sütü

30 gr şeker kamışı

2½ gr portakal kabuğu rendesi

30 gr keten tohumu karışımı

170 gr yulaf gevreği

340 gr yaban mersini

30 gr chia tohumu

2½ gr tarçın

Adresler:

1. Tüm ıslak malzemeleri ekleyin ve şeker ve sütü portakal kabuğu rendesi ile karıştırın.

2. Tarçın ekleyin ve iyice karıştırın. Şekerin topaklanmadığından emin olduğunuzda yulaf ezmesini, keten tohumlarını ve chia tohumlarını ekleyin ve bir dakika bekletin.

3. İki cam kase veya kavanoz alın ve karışımı dökün. Kavrulmuş bademlerle kaplayın ve buzdolabında saklayın.

4. Sabah çıkarın ve cesaret edin!

Beslenme bilgileri:Kalori: 353, Yağ: 8 gr, Karbonhidrat: 55 gr, Protein: 15 gr, Şeker: 9,9 gr, Sodyum: 96 mg

Ravent, elma ve zencefilli çörek tarifi Porsiyon: 8

Pişirme süresi: 30 dakika

İçindekiler:

1/2 çay kaşığı tarçın tozu

1/2 çay kaşığı öğütülmüş zencefil

Bir tutam deniz tuzu

1/2 su bardağı badem unu (öğütülmüş badem)

1/4 su bardağı ham rafine edilmemiş şeker

2 yemek kaşığı ince kıyılmış kristalize zencefil

1 yemek kaşığı öğütülmüş keten tohumu unu

1/2 su bardağı karabuğday unu

1/4 bardak ince kahverengi pirinç unu

1/4 su bardağı (60 ml) zeytinyağı

1 büyük serbest gezinen yumurta

1 çay kaşığı vanilya özü

2 yemek kaşığı organik mısır unu veya gerçek ararot 2 çay kaşığı glutensiz kabartma tozu

1 su bardağı ince dilimlenmiş ravent

1 küçük elma soyulmuş ve ince doğranmış

95 ml (1/3 su bardağı + 1 yemek kaşığı) pirinç veya badem sütü<u>Adresler:</u>

1. Fırını önceden 180C / 350C'ye ısıtın. 8 1/3 bardak (80 ml) muffin kalıplarını yağlayın veya kağıt kutu kapağıyla kaplayın.

2. Orta boy bir kaseye badem ununu, zencefili, şekeri ve keten tohumunu koyun. Kabartma tozunu, unları ve baharatları eleyin ve ardından eşit şekilde karıştırın. Un karışımına ravent ve elmayı ekleyin.

3. Sütü, şekeri, yumurtayı ve vanilyayı başka bir küçük kapta çırpın, ardından kuru karışımın içine dökün ve birleşene kadar karıştırın.

4. Hamuru kalıplara/kağıt kutulara eşit olarak paylaştırın ve 20 dakika - 25 dakika veya kenarları altın rengi oluncaya kadar pişirin.

5. Daha fazla soğuması için tel rafa aktarmadan önce çıkarın ve 5 dakika dinlendirin.

6. Sıcak veya oda sıcaklığında yiyin.

<u>Beslenme bilgileri:</u>Kalori 38 Karbonhidratlar: 9 gr Yağlar: 0 gr Proteinler: 0 gr

Kahvaltılık tahıllar ve meyveler

Porsiyonlar: 6

İçindekiler:

1 c. Kuru üzüm

¾ c. çabuk pişen kahverengi pirinç

1 büyükanne smith elması

1 portakal

8 oz. az yağlı vanilyalı yoğurt

3 c. su

¾ c. bulgur

1 lezzetli kırmızı elma

Adresler:

1. Yüksek ateşte büyük bir tencereye koyup suyu kaynatın.

2. Bulguru ve pirinci ekleyin. Isıyı en aza indirin ve üzeri kapalıyken on dakika pişirin.

3. Isıyı kapatın ve üstü kapalı olarak 2 dakika bekletin.

4. Fasulyeleri bir fırın tepsisine aktarın ve soğuması için eşit şekilde dağıtın.

5. Bu arada portakalları soyun ve dilimler halinde kesin. Elmaları doğrayıp çekirdeklerini çıkarın.

6. Fasulyeler soğuduğunda, meyvelerle birlikte servis etmek üzere geniş bir kaseye aktarın.

7. Yoğurt ekleyin ve kaplamak için iyice karıştırın.

8. Servis yapın ve keyfini çıkarın.

<u>Beslenme bilgileri:</u>Kalori: 121, Yağ: 1 gr, Karbonhidrat: 24,2 gr, Protein: 3,8 gr, Şeker: 4,2 gr, Sodyum: 500 mg

Şımarık Paleo Patates ve Protein Tozu Porsiyon: 1

Pişirme süresi: 0 dakika

İçindekiler:

1 küçük tatlı patates, önceden pişirilmiş ve etsiz 1 yemek kaşığı protein tozu

1 küçük muz, dilimlenmiş

¼ bardak yaban mersini

¼ bardak ahududu

Tercih edilen malzemeler: kakao parçacıkları, chia tohumları, kenevir kalpleri, favori fındık/tohum yağı (isteğe bağlı)

Adresler:

1. Küçük bir kapta tatlı patatesi çatalla ezin. Protein tozunu ekleyin. İyice birleşene kadar iyice karıştırın.

2. Muz dilimlerini, yaban mersini ve ahududuları karışımın üzerine yerleştirin. Dilediğiniz malzemelerle süsleyin. Bu kahvaltının tadını ister soğuk ister sıcak olarak çıkarabilirsiniz.

<u>Beslenme bilgileri:</u>Kalori 302 Yağ: 10 g Protein: 15,3 g Sodyum: 65 mg

Toplam karbonhidrat: 46,7 g

Fesleğenli domatesli bruschetta

Porsiyonlar: 8

İçindekiler:

½ bardak doğranmış fesleğen

2 diş kıyılmış sarımsak

1 çorba kaşığı balzamik sirke

2 yemek kaşığı zeytinyağı

½ çay kaşığı öğütülmüş karabiber

1 dilimlenmiş tam buğday baget

8 adet olgun Roma domatesi buz küpleri halinde kesilmiş

1 çay kaşığı deniz tuzu

Adresler:

1. İlk önce fırını 375F'ye ısıtın.

2. Bir kasede domatesleri doğrayın, balzamik sirkeyi, doğranmış fesleğeni, sarımsağı, tuzu, karabiberi ve zeytinyağını karıştırıp bir kenara koyun.

3. Bageti 16-18 dilime kesin ve yaklaşık 10 dakika boyunca pişirmek için bir fırın tepsisine koyun.

4. Sıcak ekmek dilimleri ile servis yapın ve afiyetle yiyin.

5. Artıkları hava geçirmez bir kapta saklayın ve buzdolabında saklayın.

Bunları ızgara tavuğun üzerine koymayı deneyin, harika!

<u>Beslenme bilgileri:</u>Kalori: 57, Yağ: 2,5 gr, Karbonhidrat: 7,9 gr, Protein: 1,4 gr, Şeker: 0,2 gr, Sodyum: 261 mg

Hindistan cevizi ile tarçınlı krep

Porsiyonlar: 2

Pişirme süresi: 18 dakika

İçindekiler:

2 organik yumurta

1 yemek kaşığı badem unu

2 ons krem peynir

¼ bardak rendelenmiş hindistan cevizi ve garnitür ½ yemek kaşığı eritritol

1/8 çay kaşığı tuz

1 çay kaşığı tarçın

4 yemek kaşığı stevia

½ yemek kaşığı zeytinyağı

Adresler:

1. Yumurtaları bir kaseye kırın, kabarıncaya kadar çırpın, ardından un ve krem peyniri pürüzsüz hale gelinceye kadar ekleyin.

2. Kalan malzemeleri ekleyin ve iyice birleşene kadar karıştırın.

3. Bir tava alın, orta ateşte ısıtın, yağlayın, ardından hamurun yarısını dökün ve krepler pişip altın rengi oluncaya kadar her iki tarafını da 3 ila 4 dakika pişirin.

4. Krepi bir tabağa aktarın ve kalan hamurla aynı şekilde başka bir krep pişirin.

5. Pişen kreplerin üzerine Hindistan cevizi serpip servis yapın.

<u>Beslenme bilgileri:</u>Kalori 575, Toplam Yağ 51g, Toplam Karbonhidrat 3,5g, Protein 19g

Ceviz ve yaban mersini ile yulaf ezmesi ve muz

Porsiyonlar: 6

Pişirme süresi: 2 saat.

İçindekiler:

2 bardak yiyecek rulosu

1/4 bardak badem (kızarmış)

1/4 su bardağı ceviz

1/4 su bardağı ceviz

2 yemek kaşığı öğütülmüş keten tohumu

1 çay kaşığı öğütülmüş zencefil

1 çay kaşığı tarçın

1/4 çay kaşığı deniz tuzu

2 yemek kaşığı hindistan cevizi şekeri

½ çay kaşığı kabartma tozu

2 bardak süt

2 muz

1 su bardağı taze yaban mersini

1 yemek kaşığı akçaağaç şurubu

1 çay kaşığı vanilya özü

1 yemek kaşığı eritilmiş tereyağı

Servis için yoğurt

Adresler:

1. Geniş bir kaseye ceviz, keten tohumu, kabartma tozu, baharatlar ve hindistan cevizi şekerini ekleyip karıştırın.

2. Başka bir kapta yumurtaları, sütü, akçaağaç şurubunu ve vanilya özünü birlikte çırpın.

3. Muzları ikiye bölün ve yaban mersini ile birlikte yavaş tencereye koyun.

4. Yulaf karışımını ekleyin ve süt karışımını üstüne dökün.

5. Eritilmiş tereyağını gezdirin,

6. Yavaş pişiriciyi 4 saat boyunca düşük seviyede veya 4 saat boyunca yüksek seviyede pişirin. Sıvı emilene ve yulaflar altın rengi kahverengi olana kadar pişirin.

7. Sıcak servis yapın ve üzerini doğal Yunan yoğurduyla kaplayın.

<u>Beslenme bilgileri:</u>Kalori 346 mg Toplam yağ: 15 g Karbonhidrat: 45 g

Protein: 11 g Şeker: 17 g Lif 7 g Sodyum: 145 mg Kolesterol: 39 mg

Haşlanmış somonlu yumurtalı tost Porsiyon: 2

Pişirme süresi: 4 dakika

İçindekiler:

Ekmek, iki dilim çavdar veya kepekli kızarmış limon suyu, bir çay kaşığı haznesi

Avokado, iki yemek kaşığı püre

Karabiber, bir çay kaşığı haznesi

Yumurta, iki ısıtmalı

Somon, füme, dört ons

Bir yemek kaşığı ince doğranmış soğan

Tuz, bir çay kaşığının sekizde biri

Adresler:

1. Avokadoya biber ve tuzla birlikte limon suyu ekleyin. Avokado karışımını tost dilimlerinin üzerine yayın. Füme somonu kızarmış ekmeğin üzerine koyun ve üzerini haşlanmış yumurta ile kaplayın. Üzerine dilimlenmiş taze soğan serpin.

<u>Beslenme bilgileri:</u>Kalori 389 yağ 17,2 gram protein 33,5 gram karbonhidrat 31,5 gram şeker 1,3 gram lif 9,3 gram

Chia'lı kahvaltı pudingi

Porsiyonlar: 2

Pişirme süresi: 0 dakika

İçindekiler:

Chia tohumu, dört yemek kaşığı

Badem yağı, bir yemek kaşığı

Hindistan cevizi sütü, bir bardağın dörtte üçü

Tarçın, bir çay kaşığı

Vanilya, bir çay kaşığı

Buzlu kahve, üç çeyrek fincan

Adresler:

1. Tüm malzemeleri iyice birleştirin ve buzdolabında güvenli bir kaba dökün. Sıkıca kapatın ve gece boyunca buzdolabında saklayın.

Beslenme bilgileri:Kalori 282 karbonhidrat 5 gram protein 5,9 gram yağ 24

gram

Peynirli Yumurta

Porsiyonlar: 1

İçindekiler:

¼ c. Kıyılmış Domates

1 yumurta beyazı

1 doğranmış yeşil soğan

2 yemek kaşığı yağsız süt

1 dilim kepekli ekmek

1 yumurta

½ oz. yağı azaltılmış rendelenmiş kaşar peyniri

Adresler:

1. Yumurta ve yumurta aklarını bir kasede karıştırıp sütü ekleyin.

2. Karışımı yapışmaz bir tavada yumurtalar pişene kadar karıştırın.

3. Bu arada ekmeği kızartın.

4. Çırpılmış yumurta karışımını tost ekmeğinin üzerine dökün ve eriyene kadar peynirle kaplayın.

5. Soğanı ve domatesi ekleyin.

<u>Beslenme bilgileri:</u>Kalori: 251, Yağ: 11,0 g, Karbonhidrat: 22,3 g, Protein: 16,9

g, Şekerler: 1,8 g, Sodyum: 451 mg

Tropikal kaseler

Porsiyonlar: 2

Pişirme süresi: 0 dakika

İçindekiler:

1 bardak portakal suyu

1 bardak mango, soyulmuş ve doğranmış

1 su bardağı ananas, soyulmuş ve küp şeklinde doğranmış

1 soyulmuş muz

1 çay kaşığı chia tohumu

Bir tutam zerdeçal tozu

4 dilimlenmiş çilek

Adresler:

1. Blenderinizde portakal suyunu mango, ananas, muz, chia tohumu ve zerdeçal ile karıştırın. İyice bastırın, kaselere bölün, her birini çilekle kaplayın ve servis yapın.

2. Keyfini çıkarın!

<u>Beslenme bilgileri:</u>kalori 171, yağ 3, lif 6, karbonhidrat 8, protein 11

Avokado ve kremalı Shirataki makarna

Porsiyon: 2

Pişirme süresi: 6 dakika

İçindekiler:

½ paket shirataki eriştesi, pişmiş

½ avokado

½ çay kaşığı öğütülmüş karabiber

½ çay kaşığı tuz

½ çay kaşığı kurutulmuş fesleğen

1/8 bardak ağır krema

Adresler:

1. Orta boy bir tencereyi yarısına kadar orta ateşte suyla doldurun, kaynatın, ardından erişteleri ekleyin ve 2 dakika pişirin.

2. Daha sonra erişteleri süzün ve ihtiyaç duyulana kadar bir kenara koyun.

3. Avokado'yu bir kaseye koyun, çatalla ezin. 4. Avokadoyu bir kasede ezin, blender'a aktarın, kalan malzemeleri ekleyin ve pürüzsüz hale gelinceye kadar püre haline getirin.

5. Bir tava alın, orta ateşe koyun ve ısınınca erişteleri ekleyin, avokado karışımını dökün, iyice karıştırın ve 2 dakika pişirin.

sıcak olana kadar dakika.

6. Hemen servis yapın.

<u>Beslenme bilgileri:</u>Kalori 131, Toplam Yağ 12,6 g, Toplam Karbonhidrat 4,9 g, Protein 1,2 g, Şeker 0,3 g, Sodyum 588 mg

Lezzetli amarant lapası

Porsiyonlar: 2

Pişirme süresi: 30 dakika

İçindekiler:

½ bardak su

1 su bardağı şekersiz badem sütü

½ bardak amaranth

1 armut, soyulmuş ve kovalarda

½ çay kaşığı öğütülmüş tarçın

¼ çay kaşığı rendelenmiş taze zencefil

Bir tutam öğütülmüş hindistan cevizi

1 çay kaşığı akçaağaç şurubu

2 yemek kaşığı kıyılmış ceviz

Adresler:

1. Suyu ve badem sütünü bir tencereye koyun, orta ateşte kaynatın, amarantı ekleyin, karıştırın ve 20 dakika pişirin.

Armut, tarçın, zencefil, hindistan cevizi ve akçaağaç şurubunu ekleyip karıştırın.

10 dakika daha kaynatıp kaselere paylaştırın ve üzerine ceviz serperek servis yapın.

2. Keyfini çıkarın!

Beslenme bilgileri:kalori 199, yağ 9, lif 4, karbonhidrat 25, protein 3

Krem peynirli badem unlu krep

Porsiyonlar: 2

Pişirme süresi: 18 dakika

İçindekiler:

½ su bardağı badem unu

1 çay kaşığı eritritol

½ çay kaşığı tarçın

2 ons krem peynir

2 organik yumurta

1 yemek kaşığı tuzsuz tereyağı

Adresler:

1. Krep hamurunu hazırlayın bunun için unu blendera koyun, kalan malzemeleri ekleyin ve pürüzsüz hale gelinceye kadar 2 dakika bastırın.

2. Hamuru bir kaseye dökün ve 3 dakika dinlendirin.

3. Daha sonra geniş bir tava alıp orta ateşe alın, tereyağını ekleyin ve eriyince hazırlanan krep hamurunun ¼'ünü dökün.

4. Hamuru tavaya eşit şekilde yayın, altın rengi kahverengi olana kadar her iki tarafını da 2 dakika pişirin ve ardından krepleri bir tabağa aktarın.

5. Kalan hamurla aynı şekilde üç krep daha pişirin ve hazır olduğunda krepleri en sevdiğiniz meyvelerle servis edin.

<u>Beslenme bilgileri:</u>Kalori 170, toplam yağ 14,3 gr, toplam karbonhidrat 4,3, protein 6,9 gr, şeker 0,2 gr, sodyum 81 mg

Kahvaltıda hindi ve elma porsiyonları

Porsiyonlar: 5

Pişirme süresi: 10 dakika

İçindekiler:

Et için:

1 pound öğütülmüş hindi

1 yemek kaşığı hindistancevizi yağı

½ çay kaşığı kurutulmuş kekik

½ çay kaşığı tarçın

deniz tuzu, tatmak

Haşhaş için:

1 yemek kaşığı hindistancevizi yağı

1 soğan

1 büyük elma, soyulmuş, çekirdeği çıkarılmış ve doğranmış

2 su bardağı ıspanak veya dilediğiniz yeşillik

½ çay kaşığı zerdeçal

½ çay kaşığı kurutulmuş kekik

deniz tuzu, tatmak

1 büyük kabak veya 2 küçük kabak

½ su bardağı rendelenmiş havuç

2 su bardağı dondurulmuş balkabağı (veya tatlı patates) 1 çay kaşığı tarçın

¾ çay kaşığı zencefil tozu

½ çay kaşığı sarımsak tozu

Adresler:

1. Bir tavada bir çorba kaşığı hindistancevizi yağını orta/yüksek ateşte ısıtın.

Hindiyi yere koyun ve gevrekleşinceye kadar pişirin. Kekik, tarçın ve bir tutam deniz tuzu ile tatlandırın. Plakaya geçin.

2. Kalan hindistancevizi yağını aynı tavada ısıtın ve soğanı yumuşayana kadar 2-3 dakika soteleyin.

3. Tatlandırmak için kabak, elma, havuç ve dondurulmuş kabak ekleyin.

Yaklaşık 4-5 dakika veya sebzeler yumuşayana kadar pişirin.

4. Ispanakları yumuşayıncaya kadar ekleyin ve nabız atın.

5. Pişen hindiyi, baharatları, tuzu ekleyip yağı kapatın.

6. Tavadan yeni çıkmış kıymanın tadını çıkarın veya bütün hafta soğumaya
bırakın ve buzdolabında saklayın. Haşhaş kapalı bir kapta kalabilir

Yaklaşık 5-6 gün buzdolabında.

<u>Beslenme bilgileri:</u>Kalori 350 Karbonhidrat: 20 g Yağ: 19 g Protein: 28 g

Peynir Porsiyonlu Kenevir ve Keten Muffinler: 2

Pişirme süresi: 30 dakika

İçindekiler:

1/8 bardak keten tohumu küspesi

¼ bardak çiğ kenevir tohumu

¼ bardak badem unu

tatmak için tuz

¼ çay kaşığı kabartma tozu

3 organik yumurta, dövülmüş

1/8 bardak besleyici maya yaprağı

¼ bardak süzme peynir, az yağlı

¼ su bardağı rendelenmiş parmesan peyniri

¼ bardak frenk soğanı, ince dilimlenmiş

1 yemek kaşığı zeytinyağı

Adresler:

1. Fırını açın, 360°F'a ayarlayın ve ön ısıtmaya bırakın.

2. Bu arada iki kalıp alın, yağla yağlayın ve ihtiyacınız olana kadar bir kenara koyun.

3. Orta boy bir kase alın, keten tohumlarını, kenevir tohumlarını ve badem ununu ekleyin, ardından tuz ve kabartma tozunu birleşene kadar ekleyin.

4. Yumurtaları başka bir kaseye kırın, mayayı, süzme peyniri ve parmesanı ekleyin, birleşene kadar iyice karıştırın, ardından bu karışımı badem unu karışımına birleşene kadar ekleyin.

5. Taze soğanları katlayın, ardından karışımı hazırlanan kalıplara paylaştırın ve muffinler sertleşene ve üstleri güzelce kızarana kadar 30 dakika pişirin.

6. Hazır olduğunuzda muffinleri kalıplardan çıkarın ve tel ızgara üzerinde tamamen soğumasını bekleyin.

7. Yemeği hazırlamak için her çöreği bir kağıt havluya sarın ve otuz dört güne kadar buzdolabında saklayın.

8. Yemeye hazır olduğunuzda, muffinleri mikrodalgada ısınana kadar tekrar ısıtın ve ardından servis yapın.

<u>Beslenme bilgileri:</u>Kalori 179, Toplam Yağ 10,9g, Toplam Karbonhidrat 6,9g, Protein 15,4g, Şeker 2,3g, Sodyum 311mg

Peynirli ve frenk soğanlı karnabaharlı waffle

Porsiyon: 2

Pişirme süresi: 15 dakika

İçindekiler:

1 su bardağı karnabahar çiçeği

1 yemek kaşığı frenk soğanı, doğranmış

½ çay kaşığı öğütülmüş karabiber

1 çay kaşığı soğan tozu

1 çay kaşığı sarımsak tozu

1 su bardağı rendelenmiş mozarella peyniri

½ su bardağı rendelenmiş parmesan peyniri

2 organik yumurta, dövülmüş

1 yemek kaşığı zeytinyağı

Adresler:

1. Waffle demirini açın, yağla yağlayın ve ön ısıtmaya bırakın.

2. Bu arada, tüm malzemelerinizi bir kaseye koyup birleşene kadar çırparak waffle hamurunu hazırlayın.

3. Hamurun yarısını sıcak waffle makinesine dökün, kapağını kapatın ve altın rengi kahverengi olana kadar pişirin.

4. Waffle'ı çıkarın ve kalan hamurla aynı şekilde başka bir waffle pişirin.

5. Yemeği hazırlamak için waffle'ları hava geçirmez bir kaba koyun, waffle'ları yağlı kağıtla ayırın ve dört güne kadar saklayın.

<u>Beslenme bilgileri:</u>Kalori 149, toplam yağ 8,5 gr, toplam karbonhidrat 6,1 gr, protein 13,3 gr, şeker 2,3 gr, sodyum 228 mg

Kahvaltı sandviçi porsiyonları

Porsiyonlar: 1

Pişirme süresi: 7 dakika

İçindekiler:

1 dondurulmuş kahvaltı

Adresler:

1. Sandviçi 340 derece F'de 7 dakika boyunca havayla kızartın.

106. Lezzetli sebzeli kekler Porsiyon: 5

Pişirme süresi: 18-23 dakika

İçindekiler:

¾ su bardağı badem unu

½ çay kaşığı karbonat

¼ bardak peynir altı suyu protein konsantresi tozu

2 çay kaşığı doğranmış taze dereotu

tatmak için tuz

4 büyük organik yumurta

1½ yemek kaşığı besin mayası

2 çay kaşığı elma sirkesi

3 yemek kaşığı taze limon suyu

2 yemek kaşığı eritilmiş hindistancevizi yağı

1 su bardağı hindistan cevizi yağı, yumuşatılmış

1 demet doğranmış frenk soğanı

2 orta boy havuç, soyulmuş ve rendelenmiş

½ su bardağı doğranmış taze maydanoz

Adresler:

1. Fırını önceden 350 derece F'ye ısıtın. Büyük muffin kalıbınızın 10 fincanını yağlayın.

2. Büyük bir kapta unu, kabartma tozunu, protein tozunu ve tuzu birlikte çırpın.

3. Başka bir kapta yumurtaları, besin mayasını, sirkeyi, limon suyunu ve yağı ekleyip iyice karışana kadar çırpın.

4. Hindistan cevizi yağını ekleyin ve karışım pürüzsüz hale gelinceye kadar çırpın.

5. Yumurta karışımını un karışımına ekleyin ve iyice birleşene kadar karıştırın.

6. Taze soğanı, yeşil soğanı ve maydanozu ekleyip karıştırın.

7. Amalgamı hazırlanan muffin kalıplarına eşit bir şekilde kaşıkla dökün.

8. Yaklaşık 18-23 dakika veya ortasına batırdığınız kürdan temiz çıkana kadar pişirin.

<u>Beslenme bilgileri:</u>Kalori: 378, Yağ: 13 gr, Karbonhidrat: 32 gr, Lif: 11 gr, Protein: 32 gr

Kabaklı krepler

Porsiyonlar: 8

Pişirme süresi: 6-10 dakika.

İçindekiler:

1 su bardağı nohut unu

1½ bardak su, bölünmüş

¼ çay kaşığı kimyon tohumu

¼ çay kaşığı kırmızı biber

¼ çay kaşığı öğütülmüş zerdeçal

tatmak için tuz

½ bardak kabak, rendelenmiş

½ su bardağı ince doğranmış mor soğan

1 yeşil şili, çekirdekleri çıkarılmış ve ince doğranmış

¼ bardak taze kişniş, doğranmış

Adresler:

1. Büyük bir kaseye unu ve ¾ bardak suyu ekleyin ve pürüzsüz hale gelinceye kadar çırpın.

2. Kalan suyu ekleyin ve pürüzsüz hale gelinceye kadar çırpın. 3. Soğanı, zencefili, serrano biberini ve kişnişi katlayın.

4. Yapışmaz bir tavayı hafifçe yağlayın ve orta-düşük ateşte ısıtın.

5. Karışımın yaklaşık ¼ fincanını ekleyin ve tavaya eşit şekilde yayılması için tavayı eğin.

6. Yaklaşık 4-6 dakika pişirin.

7. Dikkatlice tarafını değiştirin ve yaklaşık 2-4 dakika pişirin.

8. Kalan karışımı kullanırken aynı işlemi tekrarlayın.

9. Dilediğiniz garnitürle birlikte servis yapın.

<u>Beslenme bilgileri:</u>Kalori: 389, Yağ: 13 gr, Karbonhidrat: 25 gr, Lif: 4 gr, Protein: 21 gr

Avokado çöreklerinde kahvaltı burgerleri

Porsiyonlar: 1

Pişirme süresi: 5 dakika

İçindekiler:

1 olgun avokado

1 yumurta, merada yetiştirilmiş

1 dilim mor soğan

1 dilim domates

1 marul yaprağı

Süslemek için susam tohumları

tatmak için tuz

Adresler:

1. Avokadoyu soyun ve çekirdeğini çıkarın. Avokadoyu ikiye bölün. Bu bir çörek görevi görecek. Bir kenara bırak.

2. Tavayı orta ateşte ısıtın ve yumurtayı güneşli tarafı yukarı bakacak şekilde 5 dakika veya katılaşana kadar kızartın.

3. Kahvaltı burgerini, yumurta, mor soğan, domates ve marulla birlikte avokado yarısının üzerine yerleştirerek birleştirin.

4. Kalan avokadolu çörek ile üzerini örtün.

5. Üstünü susamla süsleyin ve tuzla tatlandırın.

<u>Beslenme bilgileri:</u>Kalori 458 Toplam Yağ 39 g Doymuş Yağ 4 g Toplam Karbonhidrat 20 g Net Karbonhidrat 6 g Protein 13 g Şeker: 8 g Lif: 14 g Sodyum: 118 mg Potasyum 1184 mg

Peynir ve krema ile lezzetli ıspanaklı puf böreği

Porsiyonlar: 2

Pişirme süresi: 12 dakika

İçindekiler:

½ su bardağı badem unu

½ çay kaşığı sarımsak tozu

½ çay kaşığı tuz

1 organik yumurta

1½ yemek kaşığı kalın krem şanti

¼ bardak süzme peynir, ufalanmış

½ yemek kaşığı zeytinyağı

Adresler:

1. Fırını açın, ardından sıcaklığı 350°F'a ayarlayın ve ön ısıtmaya bırakın.

2. Bu sırada kurabiye hamurunu hazırlayın ve bunun için tüm malzemeleri blendera koyun ve pürüzsüz hale gelinceye kadar 2 dakika boyunca bastırın.

3. Kurabiyeleri hazırlayın ve hazırlanan hamuru çalışma alanına yerleştirin, ardından 1 inçlik toplar haline getirin.

4. Bir fırın tepsisi alın, yağla yağlayın, ardından kurabiyeleri belirli bir mesafeye yerleştirin ve pişip altın rengi oluncaya kadar 12 dakika pişirin.

5. Hazır olduğunuzda, kurabiyeleri fırın tepsisinde 5 dakika soğumaya bırakın, ardından servis yapmadan önce tamamen soğuması için tel ızgaraya aktarın.

<u>Beslenme bilgileri:</u>Kalori 294, Toplam Yağ 24g, Toplam Karbonhidrat 7,8g, Protein 12,2g, Şeker 1,1g, Sodyum 840mg